# Römerinnen: Zwei Novellen

Stendhal



Alpha Editions

This edition published in 2022

ISBN : 9789356903616

Design and Setting By
**Alpha Editions**
www.alphaedis.com
Email - info@alphaedis.com

# Contents

# Vanina Vanini

Es war an einem Frühlingsabend des Jahres 1829. Ganz Rom war in Bewegung. Der Duca di Bracciano (der berühmte Bankier Torlonia) gab in seinem neuen Palazzo an der Piazza di Venezia einen Ball. Was die Künste Italiens, was der Luxus von Paris und London an Prunk und Pracht nur aufbieten konnten, hatte zum Schmucke des Palastes beigetragen. Britanniens kühle blonde Schönheiten waren ob der Ehre der Einladung in Wallung geraten. Sie kamen in Menge, und die schönsten Römerinnen machten ihnen den Ruhm ihrer Schönheit streitig.

So war auch eine junge Dame in Begleitung ihres Vaters erschienen, der man ihre römische Herkunft auf den ersten Blick an ihrem ebenholzschwarzen Haar und ihren flammenden Augen ansah. Die allgemeine Aufmerksamkeit wandte sich ihr zu. Aus jeder ihrer Bewegungen sprach seltsamer Hochmut.

Angesichts all des Glanzes waren die anwesenden Ausländer sichtlich verblüfft. »Kein König in ganz Europa gibt solch ein Fest!« sagten sie.

Die europäischen Potentaten haben aber auch keine Paläste in römischer Architektur, und sie müssen ihre Damen nach der Hofrangordnung einladen, während der Duca di Torlonia nur hübsche Frauen in sein Haus bittet. An diesem Abend hatte er dabei besonderes Glück. Die Männer waren wie geblendet, und es war nur die Frage, welche unter so vielen schönen Frauen die allerschönste sei. Eine Zeitlang war man sich hierüber nicht einig; aber schließlich erklärte man die Principessa Vanina Vanini, jene junge Dame mit dem tiefschwarzen Haar und den Glutaugen, für die Königin des Abends. Alsobald strömten Fremde wie Römer in den Saal, in dem sie sich gerade aufhielt.

Gemäß dem Wunsche ihres Vaters, des Fürsten Asdrubale Vanini, tanzte Vanina zunächst mit etlichen deutschen Prinzen aus regierenden Häusern. Darauf ließ sie sich von einigen bildschönen hochvornehmen Engländern auffordern. Das steife Gebaren dieser Gentlemen langweilte sie. Mehr Vergnügen bereitete es ihr, den jungen, sichtlich maßlos verliebten Livio Savelli zu quälen, den glänzendsten jungen Römer, gleichfalls fürstlichen Blutes. Allerdings, einen Roman hätte man ihm nicht zu lesen geben dürfen; er hätte ihn nach den ersten zwanzig Seiten in die Ecke geworfen und behauptet, er bekäme Kopfschmerzen davon. In Vaninas Augen war dies sein Fehler.

Gegen Mitternacht verbreitete sich unter der Ballgesellschaft eine Neuigkeit, die ziemliches Aufsehen erregte. Ein junger Karbonaro, der in der

Engelsburg gefangen gehalten worden war, hatte sich soeben gerettet. Dank seiner Verkleidung und seiner romantischen Tollkühnheit war er bis zu den Außenposten gedrungen. Mit einem Dolche war er auf die Soldaten losgestürmt und, wenn auch verwundet, durchgekommen. Sbirren folgten seinen Blutspuren durch die Gassen Roms. Man hoffte, ihn wiedereinzufangen.

Als diese Geschichte die Runde machte, führte Livio Savelli Vanina, mit der er getanzt hatte, gerade zu ihrem Platz zurück. Im Banne ihrer Schönheit und stolz auf den Eindruck, den sie ringsum machte, flüsterte er ihr, fast toll vor Liebe, zu:

»Bitte, sagen Sie mir einmal, wer könnte Ihnen denn eigentlich gefallen?«

»Der junge Karbonaro, der eben entronnen ist!« erwiderte ihm Vanina. »Er hat zum mindesten etwas mehr getan, als sich bloß ins irdische Dasein bemüht ...«

Ihr Vater, der an die beiden herantrat, machte der Unterhaltung ein Ende.

Fürst Hasdrubal Vanini war ein reicher Mann, der sich von seinem Verwalter seit zwanzig Jahren keine Abrechnung vorlegen ließ. Wer ihm auf der Straße begegnete, hielt ihn für einen alten Schauspieler. Seine beiden Söhne waren Jesuiten geworden und in Verrücktheit gestorben. Der Fürst hatte sie vergessen. Sein größter Schmerz war der Umstand, daß seine Tochter Vanina keine Lust zum Heiraten zeigte. Sie war schon neunzehn Jahre alt und hatte die glänzendsten Partien ausgeschlagen. Welchen Grund hatte sie dazu? Den nämlichen, der Sulla zur Abdankung veranlaßte: sie verachtete die Römer.

Am Tage nach dem Balle fiel es Vanina auf, daß ihr Vater, sonst der sorgloseste Mensch von der Welt, der nie in seinem Leben von einem Schlüssel Gebrauch gemacht hatte, die Türe zu einer kleinen Treppe sorglich abschloß, die in ein Zimmer des dritten Stockes führte. Dieses Gemach lag nach einer Terrasse hinaus, auf der Orangenbäume standen.

Vanina machte ein paar Besuche in der Stadt. Als sie wieder nach Hause kam, war das Hauptportal des Palastes infolge der Vorbereitungen zu einer Illumination versperrt. Der Wagen mußte deshalb durch das Hoftor einfahren. Dabei überblickte Vanina die Rückfassade des Hauses und sah, daß eins der Fenster des von ihrem Vater abgesperrten Zimmers offen stand.

Nachdem sie ihre Gesellschafterin weggeschickt hatte, stieg sie auf den Oberboden des Palastes und fand nach langem Suchen ein vergittertes Fensterchen, von dem aus man auf die Terrasse mit den Orangenbäumen hinabsehen konnte. Das offene Fenster, das Vanina vom Hofe aus gesehen hatte, lag von hier nicht weit. Ohne Zweifel war das Zimmer bewohnt. Aber von wem?

Am Tage darauf war Vanina im Besitze des Schlüssels zu einer Türe, die auf die mit Orangenbäumen besetzte Terrasse ging. Wie ein Luchs schlich sie an das Fenster, das noch immer offen stand. Der Vorhang war dicht zugezogen. Trotzdem erspähte Vanina, daß im Hintergrunde des Gemaches ein Bett stand und daß jemand darin lag. Unwillkürlich fuhr sie zurück. Da erblickte sie einen Frauenrock auf einem der Stühle. Nunmehr lugte sie schärfer nach der im Bette liegenden Person. Sie war blond und sichtlich sehr jung. Vanina war überzeugt, es müsse ein weibliches Wesen sein. Der auf den Stuhl geworfene Rock hatte Blutflecke. Auch an den Frauenschuhen, die auf einem Tische standen, waren Blutspuren zu sehen.

Als die Unbekannte eine Bewegung machte, bemerkte Vanina, daß sie verwundet war. Über ihrer Brust lag ein großes blutgetränktes Stück Leinwand, nur mit Bändern befestigt. So sah ein von einem Wundarzt angelegter Verband nicht aus!

Vanina stellte fest, daß sich ihr Vater täglich um vier Uhr in seine Zimmer zurückzog und regelmäßig kurz darauf die Kranke besuchte. Er verließ sie stets sehr bald wieder und pflegte sodann zur Gräfin Vitelleschi zu fahren. Sobald er fort war, ging Vanina hinauf nach der Terrasse und beobachtete die Fremde. Ihre empfindsame Natur entflammte sich rasch für die unglückliche junge Frau. Was für ein Abenteuer hatte sie bestanden? Ihr blutiges Kleid war augenscheinlich von Dolchstößen durchbohrt. Man konnte die Löcher zählen.

Eines Tages sah Vanina die Unbekannte deutlicher. Ihre schönen blauen Augen starrten gen Himmel. Offenbar betete sie. Sodann kamen ihr Tränen. Die junge Prinzessin konnte sich kaum noch bezwingen. Am liebsten hätte sie die Unglückliche angesprochen.

Am nächsten Tage wagte sich Vanina draußen auf der Terrasse zu verstecken, ehe ihr Vater kam. Von da aus beobachtete sie, wie Fürst Hasdrubal ins Zimmer der Unbekannten trat. Er brachte einen Korb mit Lebensmitteln und sah beunruhigt aus. Er sprach wenig und so leise, daß die Lauschende die einzelnen Worte nicht verstand, obwohl das Fenster offen war. Bald verschwand er wieder.

»Die arme Frau muß furchtbare Feinde haben,« sagte sich Vanina. »Mein sonst so sorgloser Vater wagt niemanden ins Geheimnis zu ziehen und läßt sichs nicht verdrießen, täglich die enge steile Treppe hinaufzugehen.«

Eines Abends, als Vanina ihren Kopf zwischen die Vorhänge des offenen Fensters hindurchsteckte, hatte die Unbekannte ihren Blick gerade dahin gerichtet. Vanina sah sich entdeckt.

»Ich habe Sie in mein Herz geschlossen!« rief sie aus.

Die Unbekannte winkte ihr einzutreten.

»Ich muß Sie vielmals um Entschuldigung bitten,« erklärte Vanina. »Meine törichte Neugier mag Ihnen sehr ärgerlich sein. Ich schwöre Ihnen Geheimhaltung, und wenn Sie es verlangen, komme ich niemals wieder her.«

»Wer sollte Ihren Anblick nicht als Glück empfinden?« erwiderte die Fremde. »Wohnen Sie hier im Palaste?«

»Gewiß!« antwortete Vanina. »Sie kennen mich also nicht! Ich bin Vanina, die Tochter des Hauses.«

Die Unbekannte machte ein erstauntes Gesicht und wurde rot.

»Gönnen Sie mir die Hoffnung, Sie alle Tage hier zu sehen,« sagte sie. »Nur möchte ich nicht, daß der Fürst von Ihren Besuchen erfährt.«

Vanina, die starkes Herzklopfen hatte, fand das Benehmen der Unbekannten vornehm. Gewiß hatte die arme junge Frau irgendeinen Machthaber beleidigt, oder vielleicht in einem Anfalle von Eifersucht ihren Liebhaber umgebracht. Einen gemeinen Grund hatte ihr Unglück sicherlich nicht.

Die Unbekannte gestand ihr, daß sie an der Schulter verwundet sei. Die Wunde reiche bis in die Brust und sei sehr schmerzhaft.

»Und Sie haben keinen Wundarzt?« rief Vanina aus.

»Wie Sie wissen, sind in Rom die Ärzte verpflichtet, der Polizei über alle Wunden, die sie behandeln, genau zu rapportieren. Der Fürst hat mir diesen Verband hier eigenhändig anzulegen geruht.«

Mit vollendetem Geschick vermied die Unbekannte jegliche Rührseligkeit. Vanina war toll verliebt. Etwas freilich störte die junge Prinzessin stark. Sie machte nämlich die Wahrnehmung, daß die Fremde einmal mitten in der doch so ernsten Unterhaltung Mühe hatte, eine plötzliche Lachlust zu unterdrücken.

»Ich möchte Ihren Namen gern wissen,« sagte Vanina zu ihr.

»Ich heiße Clementina.«

»Also, liebe Clementina, morgen um fünf komme ich wieder!«

Am nächsten Tage traf Vanina ihre neue Freundin in verschlimmertem Zustande an.

»Ich werde einen Wundarzt holen lassen,« schlug Vanina vor, indem sie die Kranke umarmte.

»Lieber will ich sterben,« erwiderte diese, »als daß ich meinen Wohltäter in Gefahr brächte.«

Vanina redete ihr eifrig zu:

»Der Wundarzt von Monsignore Savelli-Catanzara, dem Stadtkommandanten Roms, ist der Sohn eines unsrer Dienstboten. Er ist uns ergeben und braucht in seiner Stellung vor niemandem Furcht zu haben. Mein Vater tut ihm unrecht, indem er ihn nicht für unbedingt zuverlässig hält. Ich werde ihn rufen lassen ...«

»Nein, nein! Ich will keinen Arzt!« rief die Unbekannte mit einer Lebhaftigkeit, die Vanina hätte stutzig machen müssen. »Nur Sie sollen kommen und mich besuchen. Und wenn es Gott gefällt, mich zu sich zu rufen, so werde ich glücklich sterben in Ihren Armen.«

Am folgenden Tage war ihr Befinden noch schlechter. Beim Weggehen sagte Vanina:

»Wenn Sie mich lieben, dann erlauben Sie mir, daß ich endlich einen Wundarzt holen lasse.«

»Wenn er kommt, ist mein Glück dahin.«

»Ich muß es tun,« erklärte Vanina.

Die Unbekannte hielt sie zurück, indem sie ohne ein Wort zu sagen ihre Rechte ergriff und Küsse darauf drückte. Lange sprach keins von beiden. Der Fremden standen Tränen in den Augen. Endlich gab sie Vaninas Hand frei und sagte in einem Tone, als gehe sie in den Tod:

»Ich muß Ihnen ein Geständnis machen. Vorgestern, als ich Ihnen sagte, ich hieße Clementina, da hab ich gelogen. Ich bin ein unglücklicher Karbonaro ...«

Vanina war tief betroffen. Sie rückte ihren Stuhl zurück, und bald darauf erhob sie sich.

Der Kranke seufzte.

»Ich weiß wohl,« sagte er, »mein Bekenntnis beraubt mich des einzigen Glückes, das mich noch ans Leben bindet. Aber es wäre meiner unwürdig, wenn ich Sie weiter täuschte. Ich heiße Pietro Missirilli und bin neunzehn Jahre alt. Mein Vater ist ein armer Arzt in San Angelo in Vado, und ich bin Karbonaro. Wir sind bei unsrer letzten Venta überrumpelt worden. Man hat mich in Ketten von der Romagna nach Rom geschleppt. Dreizehn Monate lag ich in einem Kerkerloche, Tag und Nacht bei trübem Laternenlicht. Da geriet eine barmherzige Seele auf den Gedanken, mich retten zu wollen. Man zog mir Frauenkleider an. So entrann ich meiner Zelle und war schon an der

Außenwache vorbei, da hörte ich, daß einer der Posten auf die Karbonari schimpfte. Ich verabreichte ihm eine Ohrfeige. Ich versichere Sie: das war nicht etwa eitle Prahlerei. Es geschah aus Geistesabwesenheit. Nach dieser Unbesonnenheit wurde ich durch die Straßen Roms verfolgt. Es war Nacht. Ich bekam Bajonettstiche und schon verließen mich meine Kräfte ... Da laufe ich in ein Haus, dessen Türe offen stand. Ich höre, wie die Soldaten hinter mir die Treppe hinaufrennen. Ich springe in den Nachbargarten und falle zu Boden, ein paar Schritte vor einer Dame, die dort spazieren geht ...«

»Das war die Contessa Vitelleschi, die Freundin meines Vaters ...« unterbrach ihn Vanina.

»Was! Sie hat es Ihnen erzählt?« rief Missirilli aus. »Wie dem auch sei: diese Dame, deren Name nie genannt werden soll, hat mir das Leben gerettet! Als die Soldaten in ihr Haus drangen, um mich zu ergreifen, brachte mich Ihr Herr Vater in seinem Wagen hierher ... Es geht mir gar nicht gut. Der Bajonettstich in der Schulter erschwert mir seit mehreren Tagen das Atmen. Ich werde sterben ... und zwar, wenn ich Sie nicht wiedersehe, in der unseligsten Stimmung ...«

Vanina hatte geduldig zugehört. Eilends ging sie dann fort. Missirilli glaubte in ihren schönen Augen nicht die Spur von Mitgefühl, sondern nichts als gekränkten Stolz gesehen zu haben.

In der Nacht stellte sich ein Wundarzt ein. Er kam allein. Missirilli war in Verzweiflung. Er fürchtete, Vanina nie wiederzusehen. Er fragte den Arzt aus. Der waltete seines Amtes, gab aber keine Antwort. Ebenso schweigsam blieb er an den nächsten Tagen.

Unverwandt ruhten Pietros Augen auf der Fenstertüre nach der Terrasse, durch die Vanina eingetreten war. Er fühlte sich sterbensunglücklich.

Einmal, gegen Mitternacht, kam es ihm vor, als husche ein Schatten über die Terrasse. War das Vanina?

Allnächtlich preßte Vanina ihre Wangen an die Fensterscheibe des Gemachs des Karbonaro.

»Wenn ich mit ihm spreche, bin ich verloren!« sagte sie sich. »Nein! Ich darf das niemals wieder tun.«

Nachdem sie diesen Entschluß gefaßt hatte, kam ihr wider willen die Freundschaft in den Sinn, die sie für den jungen Mann gefühlt, als sie ihn törichterweise noch für ein Weib gehalten hatte. »Erst habe ich mich ihm so zärtlich und zutraulich gezeigt, und jetzt meide ich ihn vollständig!« warf sie sich vor.

In vernünftigen Augenblicken erschrak sie über den Wandel, der in ihrer Seele vorgegangen war. Seit sich Missirilli entdeckt hatte, war ihre ganze bisherige Gedankenwelt wie in Nebel verhüllt und in weite Ferne gerückt.

Noch waren keine acht Tage verronnen, als Vanina, bleich und zaghaft, zusammen mit dem Arzt in das Gemach des Kranken trat. Sie verblieb nur ein paar flüchtige Augenblicke. Aber nach einigen Tagen erschien sie nochmals, wieder mit dem Arzte: aus Menschlichkeit. Und schließlich, als es Missirilli wieder viel besser ging und Vanina nicht mehr den Vorwand hatte, sich um sein Leben zu ängstigen, wagte sie eines Abends allein zu kommen.

Als Missirilli sie erblickte, war er namenlos glücklich; aber er suchte seine Liebe zu verbergen. Um alles in der Welt wollte er die Manneswürde nicht verletzen. Vanina war mit schamrotem Gesicht zu ihm gegangen. Sie fürchtete, Liebesbeteuerungen zu hören. Um so mehr wunderte sie sich über die edle, demütige, fast zu wenig zärtliche Freundschaft, die er ihr erwies. Als sie von ihm schied, machte er keinen Versuch, sie zurückzuhalten.

Ein paar Tage später kam Vanina abermals. Pietro verhielt sich genau wieder so. Er versicherte sie seiner verehrungsvollen Ehrerbietung und ewigen Dankbarkeit.

Da Vanina auch nicht das geringste getan hatte, was den jungen Karbonaro hätte veranlassen können, seinen Gefühlen Zwang anzutun, so fragte sie sich: »Bin ich der allein liebende Teil?« Voll Bitternis empfand das bis dahin so stolze junge Mädchen, wie ungeheuerlich toll sie war. Sie heuchelte Frohsinn und sogar Gleichgültigkeit. Sie erschien seltener, brachte es indessen nicht über sich, den jungen Kranken gar nicht mehr zu besuchen.

Missirilli war halb wahnsinnig vor Liebe, aber er vergaß weder seine niedere Herkunft noch das, was er sich selbst schuldig war. Er hatte sich fest vorgenommen, nur dann aus sich herauszugehen und seine Liebe zu verraten, wenn Vanina ihn acht Tage lang nicht besuchte.

Der Hochmut der Prinzessin kämpfte den letzten Kampf. Schließlich sagte sie sich:

»Wenn ich ihn besuche, so tue ich das meinetwegen, weil es mir Freude bereitet. Nie und nimmer werde ich ihm das Mitgefühl eingestehen, das er in mir erweckt hat.«

Fortan verweilte sie länger und länger bei Missirilli, aber er sprach mit ihr, als ob ein Dutzend andrer Menschen dabei sei.

Eines Abends, nachdem sie ihn den ganzen Tag über verwünscht und sich gelobt hatte, noch kälter und herber denn bisher gegen ihn zu sein, gestand sie ihm ihre Liebe. Bald hatte sie ihm nichts mehr zu versagen.

Die Torheit war groß, aber Vanina war glückselig. Missirilli vergaß, was er seiner Manneswürde schuldig zu sein wähnte. Er liebte, wie ein Neunzehnjähriger unter Italiens Himmel zum ersten Male liebt. Er machte alle Wirren der Liebe aus Leidenschaft durch; ja, er gestand der stolzen jungen Fürstin, durch welche Politik er sie erobert hatte. Das Übermaß ihres Glückes war ihm erstaunlich.

Vier Monate eilten dahin. Eines Tages erklärte der Arzt seinen Patienten für völlig wiederhergestellt.

»Was soll ich nun beginnen?« fragte sich Missirilli. »Bei einer der schönsten Römerinnen versteckt bleiben? Aber dann bilden sich die schnöden Tyrannen, die mich dreizehn Monate lang im stockdunklen Kerker haben schmachten lassen, am Ende gar ein, sie hätten meinen Mut gebrochen. Italia, du hast wirklich kein Glück, da dich deine Kinder so leicht im Stiche lassen!«

Vanina zweifelte nicht daran, daß Pietro das höchste Glück darin erblickte, stets mit ihr vereint zu bleiben. Dies schien in der Tat so zu sein. Aber in seiner jungen Seele hatte ein bittres Wort des Generals Bonaparte Widerhall gefunden und ihn von jeher in seinem Verhalten gegen Frauen beeinflußt. Als Bonaparte im Jahre 1796 aus Brescia marschierte, versicherten ihn die Häupter der Stadt, die ihm das Geleit bis ans Stadttor gaben, die Brescianer liebten die Freiheit mehr denn alle anderen Italiener.

»Das weiß ich!« gab der Korse zur Antwort. »Das sagen sie mit Vorliebe ihren Liebsten!«

In beklommenem Tone erklärte Pietro:

»Wenn die Nacht kommt, muß ich fort.«

»Sieh aber zu, daß du bei Tagesanbruch wieder im Palast bist,« erwiderte Vanina. »Ich werde aufbleiben.«

»Bei Tagesanbruch bin ich schon mehrere Meilen weg von Rom.«

»So!« sagte Vanina kalt. »Wohin gehst du?«

»Nach der Romagna, um mich zu rächen.«

»Da ich reich bin,« sagte Vanina im ruhigsten Tone, »nimmst du hoffentlich Waffen und Geld von mir an.«

Ein paar Sekunden schaute Missirilli sie starr an; dann fiel er ihr um den Hals.

»Stern meines Lebens!« rief er aus. »Deinetwegen könnte ich alles vergessen, selbst meine Pflicht! Aber je edler dein Herz ist, um so mehr mußt du mich verstehen!«

Vanina begann heftig zu weinen. Sie kamen überein, daß Pietro erst am übernächsten Tage Rom verlassen solle.

Am andern Morgen sagte Vanina:

»Pietro, du hast bereits mehrfach gesagt, eine bekannte Persönlichkeit, ein römischer Fürst zum Beispiel, der über viel Geld verfügt, könnte der Sache der Freiheit den größten Dienst leisten, sobald Österreich einmal mit irgendeiner Großmacht im Kriege läge.«

»Gewiß!« gab Missirilli erstaunt zur Antwort.

»Höre! Mut hast du. Dir fehlt es nur an Macht. Ich biete dir meine Hand und ein Jahreseinkommen von zweimalhunderttausend Lires. Die Einwilligung meines Vaters verpflichte ich mich zu bringen.«

Pietro sank ihr zu Füßen nieder. Vanina strahlte vor Freude.

»Ich liebe dich von ganzem Herzen,« sagte er. »Aber ich bin ein armer Diener meines Vaterlandes. Und je unglücklicher Italien ist, um so treuer muß ich an ihm hängen. Um deines Vaters Einwilligung zu erringen, müßte ich jahrelang eine traurige Rolle spielen ... Vanina, ich schlage deine Hand aus!«

Missirilli klammerte sich an seinen Patriotismus. Sein Mut brach fast zusammen.

»Es ist mein Unglück,« fuhr er fort, »daß ich dich mehr liebe als das Leben. Rom verlassen zu sollen, ist mir fürchterlich. Ach, warum ist Italien noch immer nicht von den Barbaren befreit! Mit welcher Wonne würde ich dann mit dir über den Ozean gehen, um in Amerika zu leben!«

Vanina stand da wie eine Marmorstatue. Pietro hatte ihre Hand ausgeschlagen! Ihr Stolz bäumte sich. Dann aber warf sie sich in seine Arme.

»Nie bist du mir liebenswerter gewesen!« rief sie. »Mein Landdoktorchen, ich bin doch dein auf ewig! Du bist ein ganzer Mann, ein wahrer alter Römer!«

Alle Zukunftsgedanken, alle die trübseligen Regungen des gesunden Menschenverstandes waren zunichte. Vanina wie Pietro waren voll reinster Liebe.

Als sie wieder vernünftig zu reden vermochten, sagte die Principessa:

»Ich werde dir sehr bald in die Romagna nachfolgen. Ich lasse mir die Bäder von Poretto verordnen. In unserm Schlosse zu San Nicolo bei Forli mache ich Station ...«

»Dort will ich mein Leben mit dir verbringen!« beteuerte Missirilli.

»Mein Schicksal ist fortan, alles aufs Spiel zu setzen,« sagte Vanina und seufzte. »Ich werde mich für dich zugrunde richten. Was tuts? Kannst du eine Entehrte lieben?«

»Bist du nicht mein Weib?« sagte Missirilli. »Mein immerdar angebetetes Weib! Ich werde dich lieben und schützen!«

Vanina hatte gesellschaftliche Pflichten. Kaum war sie fort, da dünkte es Missirilli, er habe sich wie ein Barbar benommen.

»Was heißt Vaterland?« fragte er sich. »Es ist kein lebendiges Wesen, dem wir für eine Wohltat Dank schuldeten. Wenn wir unsre angebliche Pflicht ihm gegenüber nicht erfüllen, wird es nicht unglücklich. Es kann uns nicht verfluchen. Vaterland und Freiheit, das ist, nicht anders wie ein Mantel, ein Ding, das mir nützlich ist. Ich muß es mir erwerben, wenn ich es nicht von meinem Vater ererbt habe. Im Grunde liebe ich beides nur, weil es mir nützliche Dinge sind. Wenn ich sie zu nichts gebrauchen könnte – etwa wie einen Pelzmantel im Hochsommer – wozu wollte ich sie mir erwerben. Um einen so ungeheuerlichen Preis? Vanina ist wunderschön. Sie hat eine erlesene Seele. Andere werden um sie werben. Sie wird mich vergessen. Welche Frau hätte es je bei einem Liebhaber belassen? Die römischen Fürsten, die ich schlichter Bürger verachte, haben so manches vor mir voraus. Sie m ü s s e n verführen. Ach, wenn ich scheide, so vergißt mich Vanina, und ich habe sie auf ewig verloren!«

Mitten in der Nacht kam sie zu ihm. Er gestand ihr seinen Wankelmut und den Kampf, der zwischen seiner Liebe und dem großen Worte V a t e r l a n d tobte. Vanina war glückselig.

Sie sagte sich: »Hätte er die reine Wahl zwischen dem Vaterland und mir, so entschiede er sich für mich.«

Die Uhr des nahen Kirchturms schlug drei. Der Augenblick des letzten Abschieds war gekommen. Pietro entriß sich den Armen seiner Geliebten. Eben wollte er die kleine Treppe hinunterschleichen, als Vanina unter Bezwingung ihrer Tränen zu ihm sagte:

»Wenn dich eine arme Bäurin in einem Dorfe gepflegt hätte, würdest du dich ihr nicht irgendwie erkenntlich zeigen? Vielleicht würdest du sie bezahlen wollen ... Wir wissen nicht, was die Zukunft bringt. Du begibst dich mitten unter deine Feinde. Schenk mir aus Dankbarkeit drei Tage. Nimm an, ich wäre ein armes Weib, das du für deine Pflege bezahltest!«

Missirilli blieb.

Endlich verließ er Rom mit einem Paß, der auf einer ausländischen Gesandtschaft erkauft war. So gelangte er in seine Heimat. Die Freude der Seinen war groß. Man hatte ihn tot gewähnt. Seine Freunde wollten zur Feier seiner Wiederkehr sogleich ein paar Karabinieri töten. So hießen die Gendarmen im Kirchenstaat.

Missirilli hielt sie davon ab:

»Tötet ohne Not keinen Italiener, der sich auf das Waffenhandwerk versteht. Unser Vaterland ist keine Insel wie das glückliche Britannien. Es fehlt uns an Soldaten, um die Einmischungen der europäischen Monarchen abzuwehren.«

Kurz darauf ward Missirilli von Karabinieri angehalten. Zwei von ihnen schoß er mit den Pistolen nieder, die ihm Vanina gegeben hatte.

Jetzt setzte man einen Preis auf seinen Kopf aus.

Vanina erschien nicht in der Romagna, so daß sich Missirilli vergessen wähnte. In seiner Eitelkeit verletzt, begann er sich häufig Gedanken über den Standesunterschied zu machen, der ihn von seiner Geliebten trennte. In einem Anfall von zärtlicher Sehnsucht nach dem verlorenen Glücke geriet er auf den Einfall, nach Rom zurückzukehren, um nachzusehen, was Vanina treibe. Dieser tolle Gedanke triumphierte über das, was ihn seine Pflicht deuchte ...

Da läutete eines Abends die Glocke eines Bergkirchleins den Angelus auf seltsame Weise. Es klang, als würde der Glöckner mitten beim Läuten abgerufen. Dies war das Zeichen zur Venta der Gruppe Karbonari, zu der Missirilli gehörte, seit er in seine Heimat zurückgekehrt war.

In der folgenden Nacht versammelten sich alle Verschwörer in einer Einsiedelei im Gebirge. Die beiden Einsiedler waren durch Opium eingeschläfert worden, so daß sie nicht wahrnahmen, wozu man ihr Häuschen benutzte. Missirilli kam in trüber Stimmung hin. Er erfuhr, daß das Haupt der Venta verhaftet worden und daß er, trotzdem er erst zwanzig Jahre zählte, zum Führer des Geheimbundes gewählt war, der Männer zu seinen Mitgliedern zählte, die Fünfziger waren und bereits seit Murats Expedition vom Jahre 1815 an der Verschwörung teilnahmen.

Als Pietro die unverhoffte Ehre entgegennahm, pochte sein Herz heftig, und als er wieder allein war, faßte er den Entschluß, nicht mehr der jungen Römerin zu gedenken, die ihn offenbar vergessen hatte. Er gelobte sich, all sein Tun und Denken der Pflicht zu weihen, Italien von den Barbaren zu befreien.

Man weiß, daß dieses geflügelte Wort von Petrarka stammt, von Julius dem Zweiten und Machiavell wiederholt und zu guter Letzt vom Grafen Alfieri von neuem auf das Banner geschrieben worden ist.

Zwei Tage danach ersah Missirilli aus einem der Ankunfts- und Abgangs-Rapporte, die man ihm als Karbonariführer von allen Orten der Umgegend regelmäßig zusandte, daß die Prinzessin Vanina Vanini eben in ihrem Schlosse zu San Nicolo eingetroffen war. Beim Lesen ihres Namens erfüllte sich seine Seele eher mit Wankelmut denn mit Freude. Wohl glaubte er, seine Treue gegen das Vaterland sei felsenfest, dieweil er sich vornahm, nicht noch am nämlichen Abend nach dem Schlosse San Nicolo hinzueilen. Aber es war nicht an dem. Die Sehnsucht nach Vanina, die er zu bezwingen sich Mühe gab, zog ihn doch von der vollen Erfüllung seiner Pflicht ab. Am Tage darauf suchte er Vanina auf.

Sie liebte ihn noch genau so wie in Rom. Aber ihr Vater, der sie verheiraten wollte, hatte ihre Abreise verzögert.

Vanina brachte zweitausend Zechinen mit. Dieser unerwartete Zuschuß festigte Pietros Ansehen in seiner neuen Würde in erstaunlicher Weise. Man bestellte Dolche in Korfu. Ferner bestach man in Forli den Geheimsekretär des päpstlichen Legaten, der mit der Verfolgung der Karbonari betraut war, wodurch man die Liste der Pfarrer in die Hände bekam, die für die Regierung spionierten.

Um diese Zeit bildete sich eine der am wenigsten törichten Verschwörungen, die je im unglücklichen Italien versucht worden sind. Einzelheiten hierüber würden zu weit abseits führen. So viel aber sei erwähnt: wenn das Unternehmen von Erfolg gekrönt worden wäre, hätte Missirilli einen guten Teil des Ruhmes für sich beanspruchen können. Es wäre sein Verdienst gewesen, daß sich auf ein zu gebendes Zeichen mehrere Tausend Rebellen erhoben und sich gutbewaffnet einem höheren Führer zur Verfügung gestellt hätten. Der entscheidende Augenblick war bereits ganz nahe: da wurde die ganze Verschwörung durch die Verhaftung der Rädelsführer völlig lahmgelegt, wie dies meist zu geschehen pflegt.

Vanina weilte noch nicht lange in der Romagna, aber schon glaubte sie zu erkennen, daß die Liebe zum Vaterlande jede andere Leidenschaft im Herzen ihres Geliebten verjagt habe. Die hochmütige stolze Römerin war empört. Umsonst versuchte sie sich Vernunft zu predigen. Sie verfiel dem düstersten Kummer. Ja, sie ertappte sich bei einer Verwünschung der Freiheit ihres Vaterlandes.

Eines Tages begab sie sich nach Forli, um Missirilli aufzusuchen. Bis dahin war ihr Hochmut stärker gewesen. Jetzt war sie nicht mehr Herrin ihres Herzeleids.

»Wahrlich,« sagte sie zu ihm, »du liebst mich, als seien wir Eheleute. Das ist nicht nach meinem Geschmack.«

Alsbald flossen ihre Tränen, Tränen der Scham, sich so weit erniedrigt zu haben, daß sie Worte des Vorwurfs geäußert hatte. Missirilli antwortete auf diesen Ausbruch wie just ein Mann, der ganz andre Dinge im Kopfe hat. Plötzlich bekam Vanina den Gedanken, ihn zu verlassen und nach Rom zurückzukehren. Es bereitete ihr grausame Freude, sich für die Schwachheit zu strafen, nicht stumm geblieben zu sein. In wenigen Augenblicken des Schweigens war ihr Entschluß gefaßt. Sie hätte sich Missirilli nicht für ebenbürtig gehalten, wenn sie ihn nicht hätte verlassen wollen. Und schon weidete sie sich an der Vorstellung, wie schmerzlich überrascht er wohl wäre, wenn er sie vergeblich im Schlosse zu San Nicolo suchte.

Der Gedanke, daß sie die Liebe des Mannes, für den sie so viele Torheiten begangen, nicht hatte erringen können, ließ sie nicht los. Jetzt brach sie das Stillschweigen und begann alles erdenkliche, um ihm ein paar Liebesworte abzulocken. Zerstreut sagte er ihr einige überzärtliche Dinge. Aber mit viel herzlicherem Tone sprach er alsbald von seinem politischen Vorhaben. Schmerzerfüllt rief er aus:

»Wenn mir auch diese Unternehmung mißglückt, wenn die Regierung abermals dahinter kommt, dann mache ich nicht mehr mit!«

Vanina hörte regungslos zu. Seit einer Stunde hatte sie das Gefühl, daß sie den Geliebten zum letzten Male sähe. Was er eben gesagt hatte, brachte ihre Gedanken in eine neue, verhängnisvolle Richtung.

Vanina sagte sich: »Die Karbonari haben von mir ein paar tausend Zechinen bekommen. Niemand zweifelt daran, daß ich die Verschwörung begünstige.«

Sie verlor sich in Grübeleien, von denen sie sich nur losriß, um Pietro zu sagen:

»Willst du vierundzwanzig Stunden mit mir im Schloß San Nicolo verbringen? Die Venta wird wohl deine Anwesenheit eine Nacht entbehren können. Morgen früh werden wir im Parke des Schlosses spazieren gehen. Das wird deine Erregung mildern und dir die Kaltblütigkeit verschaffen, die du bei deiner großen Unternehmung nötig hast.«

Pietro willigte ein.

Alsbald verließ ihn Vanina unter dem Vorwande, die Vorbereitungen zur Fahrt nach San Nicolo zu treffen. Sie eilte zu einer ihrer früheren Kammerjungfern, die geheiratet und einen kleinen Handel in Forli begonnen hatte. Bei dieser Frau schrieb sie in ein Gebetbuch, das sie im Schlafzimmer liegen sah, in aller Hast die genaue Ortsangabe, wo die Verschwörer in der kommenden Nacht ihre Venta abhalten wollten. Ihre Denunziation schloß mit den Worten: »Die Versammlung wird aus folgenden neunzehn Teilnehmern bestehen: ....« Es folgten die Namen und Wohnungsangaben.

Als Vanina die Liste fertig hatte, in der einzig und allein Missirillis Name fehlte, sagte sie zu der Frau, deren Zuverlässigkeit ihr sicher war:

»Bring dieses Buch zum Kardinal-Legaten. Er soll lesen, was hineingeschrieben worden ist, und dir das Buch dann zurückgeben. Hier hast du zehn Zechinen. Wenn der Legat jemals deinen Namen erfährt, bist du des Todes. Aber du rettest mir das Leben, wenn du ihm das darin beschriebene Blatt zu lesen gibst.«

Alles ging tadellos nach Erwarten. Der Legat war dermaßen furchtsam, daß er auf die Rolle eines großen Herrn verzichtete. Er erlaubte der Frau aus dem Volke, die ihn so dringend zu sprechen begehrte, maskiert vor ihm zu erscheinen, allerdings mit gebundenen Händen. So wurde die Krämersfrau vor den Machthaber geführt. Als sie eintrat, saß er verschanzt hinter einem mit grünem Tuche überzogenen großen Tische.

Der Legat las das beschriebene Blatt des Gebetbuches, wobei er es weit von sich abhielt, aus Angst vor einem Gifte. Alsdann reichte er es der Frau zurück. Auch ließ er sie nicht verfolgen.

Vanina hatte auf die Wiederkehr ihrer ehemaligen Jungfer gewartet. Keine dreiviertel Stunde, nachdem sie den Geliebten verlassen, stellte sie sich wieder bei ihm ein, fest überzeugt, daß er ihr fortan allein gehöre. Sie erzählte ihm, in der Stadt herrsche ungewöhnliche Bewegung. Karabinieripatrouillen ritten durch Gassen, in die sie sonst nie kämen.

»Wenn du mir Gehör schenken willst,« fügte sie hinzu, »so brechen wir sofort nach San Nicolo auf.«

Missirilli war damit einverstanden. Zu Fuß erreichten sie den Wagen der Prinzessin, der ebenso wie ihre Gesellschaftsdame, eine verschwiegene, gutbezahlte Vertraute, eine halbe Wegstunde vor der Stadt wartete.

Im Schlosse von San Nicolo angelangt, war Vanina zärtlicher denn je zu Pietro. Die sonderbare Tat lastete auf ihrem Gemüt. Und so kamen ihr ihre Liebesworte selber wie Komödie vor. Der Verrat am Tage zuvor hatte ihr keine Skrupel bereitet. In den Armen des Geliebten sagte sie sich:

»Ich brauche ihm nur ein einziges Wort zuzurufen, und von Stund an haßt er mich bis in alle Ewigkeit!«

Mitten in der Nacht drang einer von Vaninas Dienern plötzlich in das Zimmer. Ohne daß es Vanina geahnt, war auch er Karbonaro. Missirilli hatte also Geheimnisse vor ihr, sogar in derlei Nebensachen. Sie erbebte.

Der Mann meldete Pietro, daß in Forli in der Nacht die Häuser von neunzehn Karbonari umstellt worden seien. Im Augenblick, da die Verschwörer von der Venta heimkehrten, habe man sie verhaftet. Von den Überrumpelten hätten sich trotz alledem neun retten können. Zehn seien von den Karabinieri nach der Zitadelle abgeführt. Beim Betreten des Burghofes habe sich einer der Gefangenen in den tiefen Brunnen gestürzt. Er sei tot.

Vanina verlor völlig ihre Fassung. Zum Glück bemerkte es Pietro nicht; sonst hätte er ihr die Untat an den Augen abgelesen.

Der Diener berichtete einige weitere Einzelheiten. Die ganze Garnison von Forli sei alarmiert. Als er hinaus war, versank Missirilli in Nachdenken, aber nur ein paar Minuten.

»Im Augenblick ist nichts zu machen,« erklärte er.

Vanina war halbtot. Sie zitterte unter den Blicken des Geliebten.

»Was regt dich denn das so auf?« fragte er. Aber schon dachte er wieder an andre Dinge und sah Vanina nicht weiter an.

Gegen Mittag wagte sie ihm zu sagen:

»Schon wieder eine entdeckte Venta! Ich denke, du hast nun für eine Weile genug ...«

»Übergenug!« unterbrach er sie und lachte, daß es Vanina graute.

Sie machte dem Pfarrer von San Nicolo einen Anstandsbesuch. Er konnte ein Spion der Jesuiten sein. Als sie um sieben Uhr zum Pranzo wieder heimkam, fand sie das Gelaß leer, das sie dem Geliebten zum Versteck angewiesen hatte. Außer sich suchte sie ihn sofort im ganzen Schlosse. Er war nicht mehr da. In ihrer Verzweiflung lief sie nochmals in seine Stube. Jetzt erst fand sie einen Zettel, auf dem geschrieben stand:

»Ich stelle mich dem Legaten, weil ich an unsrer Sache verzweifle. Der Himmel ist wider uns. Wer mag uns verraten haben? Offenbar der Schurke, der sich in den Brunnen gestürzt hat. Da mein Leben dem armen Italien nichts nützt, so will ich nicht, daß mich meine Kameraden allein auf freiem Fuße sehen und sich am Ende gar einbilden, ich sei der Verräter. Lebe wohl! Wenn Du mich liebst, so sei darauf bedacht, mich zu rächen! Wenn Du den Verräter entdecken solltest, so vernichte den Nichtswürdigen, und wäre es mein Vater!«

Halb von Sinnen und in den Tod unglücklich sank Vanina in einen Stuhl. Sie war keines Wortes mächtig. Die tränenlosen Augen brannten ihr. Schließlich fiel sie in die Knie.

»Allmächtiger!« betete sie. »Nimm mein Gelübde an! Ich will den nichtswürdigen Verräter strafen. Aber vorher muß ich Pietro die Freiheit verschaffen!«

Eine Stunde später war sie unterwegs nach Rom. Ihr Vater hatte sie schon lange zur Heimkehr gedrängt und hatte in ihrer Abwesenheit dem Principe Livio Savelli ihre Hand fest versprochen. Kaum war Vanina wieder zu Hause, als der Fürst zaghaft davon zu sprechen begann. Zu seinem großen Erstaunen ging Vanina sofort darauf ein. Noch am selbigen Abend ward ihr Savelli im Hause der Gräfin Vitelleschi feierlich als Bräutigam zugeführt.

Vanina zeigte sich ihm sehr gesprächig. Er war der eleganteste Mensch und besaß die schönsten Pferde; aber wenn man ihn auch für sehr intelligent hielt, so galt er doch für derartig leichtsinnig, daß er der Regierung niemals verdächtig werden konnte. Damit rechnete Vanina. Wenn sie ihm den Kopf verdrehte, konnte sie ihn bequem zu allerhand gebrauchen. Ihm, dem Neffen des Monsignore Savelli-Catanzara, des Stadtkommandanten und Polizeipräsidenten von Rom, wagte kein Spion nachzustellen.

Nachdem Vanina den galanten Livio mehrere Tage auf das beste behandelt hatte, erklärte sie ihm, sie werde nie seine Gattin. Er wäre ihr viel zu leichtsinnig.

»Wenn Sie nicht das reine Kind wären,« sagte sie zu ihm, »hätten die Beamten Ihres Onkels keine Geheimnisse vor Ihnen. Wissen Sie zum Beispiel, was mit den Karbonari geschehen wird, die man neulich in Forli erwischt hat?«

Nach zwei Tagen kam Livio und meldete Vanina, alle in Forli verhafteten Karbonari seien entwischt.

Vanina sah ihn mit ihren großen schwarzen Augen eindringlich an, lächelte bitter und unsagbar verächtlich und würdigte ihn den ganzen Abend keines Wortes. Zwei Tage danach kam Livio abermals und gestand, man habe ihn vor zwei Tagen falsch unterrichtet.

»Jetzt aber«, erzählte er, »habe ich mir einen Schlüssel zum Arbeitszimmer meines Onkels verschafft. Aus den Akten, die ich daselbst in den Händen gehabt habe, weiß ich, daß eine Kommission von Kardinälen und hochangesehenen Prälaten in einer Geheimsitzung erörtert hat, ob es besser sei, den Karbonari in Ravenna oder in Rom den Prozeß zu machen. Die neun in Forli festgenommenen Verschwörer und ihr Führer, ein gewisser Missirilli, der so dumm gewesen ist, sich selbst zu stellen, werden augenblicklich im Kastell San Leo gefangen gehalten ...«

Bei den Worten »so dumm« kniff Vanina den jungen Fürsten mit aller Kraft in den Arm.

»Ich will die offiziellen Akten selber einsehen. Nehmen Sie mich mit in das Arbeitszimmer Ihres Onkels! Sie haben sich jedenfalls beim Lesen geirrt.«

Livio erschrak zu Tode. Vanina forderte etwas geradezu Unmögliches von ihm; aber ihr seltsames Wesen verdoppelte seine Verliebtheit. Nach einigen Tagen konnte Vanina, als Lakai verkleidet, in der kleidsamen Livree der Casa Savelli, eine halbe Stunde lang in den geheimsten Papieren des Polizeipräsidenten herumkramen. Als sie den »Tagesbericht über pp. Pietro Missirilli« las, empfand sie einen Anflug von Glück. Kaum vermochten ihre zitternden Hände das Schriftstück zu halten. Als sie den Namen des Geliebten las, ward sie fast ohnmächtig.

Als sie den Palast des Polizeipräsidenten wieder verließen, durfte Livio sie küssen.

»Sie bestehen die Proben, die ich Ihnen auferlege, recht gut,« erklärte ihm Vanina.

Im Besitze dieses Lobes hätte der junge Principe Vanina zu Gefallen den Vatikan angesteckt.

Am Abend war Ball in der französischen Gesandtschaft. Vanina tanzte viel und fast stets mit Livio. Er war trunken vor Glück. Vanina durfte ihn nicht zur Besinnung kommen lassen. Des war sie entschlossen.

»Mein Vater ist manchmal wunderlich,« sagte sie eines Tages zu ihm. »Heute morgen hat er zwei von seinen Leuten von dannen gejagt. Sie sind weinend zu mir gekommen. Der eine hat mich gebeten, ihm eine Stelle bei Ihrem Onkel, dem Stadtkommandanten von Rom, zu verschaffen. Der andre, ein ehemaliger napoleonischer Artillerist, möchte auf der Engelsburg angestellt werden.«

»Ich nehme sie alle beide in meine Dienste,« erklärte der junge Principe eifrig.

»Habe ich Sie darum gebeten?« fragte Vanina hochmütig. »Ich habe Ihnen die Bitte der beiden armen Schelme wörtlich wiederholt. Sie sollen bekommen, was sie wünschen, und nichts andres!«

Das war nichts weniger als einfach. Monsignore Catanzara war ein höchst eigenwilliger Herr, der nur Leute in sein Haus nahm, die er sehr gut kannte.

Inmitten von tausend äußerlichen Vergnügungen ward Vanina von Reue gequält. Sie fühlte sich grenzenlos unglücklich. Die so langsame Entwicklung der Dinge brachte sie beinahe um. Der Bankier ihres Vaters hatte ihr Geld versorgt. Sollte sie aus dem Vaterhause fliehen, nach der Romagna gehen und ihren Geliebten zu befreien suchen? So unvernünftig dieser Gedanke war, so hätte sie ihn doch wohl ausgeführt, wenn sich der Zufall nicht ihrer erbarmt hätte.

Livio vermeldete ihr:

»Missirilli und seine neun Mitverschworenen werden nach Rom überführt, nachdem sie in Ravenna abgeurteilt worden sind. Das hat mein Onkel heute abend beim Papste durchgesetzt. Sie und ich, wir sind in ganz Rom die einzigen, die dieses Geheimnis wissen. Sind Sie zufrieden mit mir?«

»Sie werden ein Mann!« erwiderte Vanina. »Schenken Sie mir Ihr Bild!«

Am Tage, ehe Missirilli in Rom eintreffen sollte, fand Vanina einen Vorwand, nach Civita Castellana zu fahren. Im Gefängnis dieser Stadt wurden Gefangene, die man von der Romagna nach Rom beförderte, stets eine Nacht verquartiert. In der Tat sah Vanina ihren Missirilli, als er aus dem Gefängnis herausgebracht ward. Er saß kettenbelastet auf einem Karren für sich. Er kam ihr sehr bleich, aber durchaus nicht gebrochen vor. Eine alte Frau warf ihm ein Veilchensträußchen zu. Pietro lächelte ihr Dank zu.

Nachdem Vanina den Geliebten gesehen hatte, fühlte sie sich erstarkt und von neuem Mut beseelt. Bereits seit geraumer Zeit hatte sie den Abbate Cari, den Almosenier der Engelsburg, in der Pietro nunmehr eingekerkert war, in seiner Karriere ein gutes Stück vorwärts gebracht, indem sie ihn zum Beichtvater genommen. Er war ein gutmütiger Mensch. Es ist in Rom nicht unwichtig, Beichtiger einer Prinzessin zu sein, deren Onkel Stadtkommandant ist.

Mit den Karbonari von Forli wurde nunmehr kurzer Prozeß gemacht. Ärgerlich darüber, daß die Sache nach Rom abgewälzt worden war, sorgte die reaktionäre Partei dafür, daß die Kommission, der das Urteil oblag, aus den ehrgeizigsten Prälaten bestand. Den Vorsitz führte der Polizeipräsident.

Das Gesetz gegen den Karbonarismus ist klipp und klar. Den Rebellen von Forli blieb keine Hoffnung. Trotzdem verteidigten sie ihr Leben durch alle nur möglichen Ausflüchte. Die Richter verurteilten sie nicht nur zum Tode, sondern obendrein zu allerlei schrecklichen Nebenstrafen. Es sollten ihnen die Hände abgehauen werden usw. Der Polizeipräsident, der keine Streberei mehr nötig hatte (man vertauscht diesen Posten nur mit dem Kardinalshut), hatte kein Begehr nach abgehauenen Händen. Als er das Urteil Seiner Heiligkeit vorlegte, befürwortete er die Verwandlung sämtlicher Strafen in bloßes Gefängnis. Nur mit Missirilli ward eine Ausnahme gemacht. In diesem jungen Manne erblickte der Polizeipräsident einen gefährlichen Fanatiker. Überdies hatte er wegen der Ermordung der beiden Karabinieri den Tod verdient.

Vanina erfuhr das Urteil und dessen Umwandlung wenige Augenblicke, nachdem Monsignore Catanzara den Vatikan verlassen hatte.

Als er am Abend darauf gegen Mitternacht in seinen Palast zurückkam, war sein Kammerdiener nicht zur Stelle. Erstaunt klingelte Catanzara mehrmals. Endlich erschien ein alter gebrechlicher Lakai. Der Präsident verlor die Geduld und beschloß, sich selbst auszukleiden. Als der Diener hinaus war, verschloß er die Tür.

Es war sehr heiß. Er zog den Rock aus und warf ihn achtlos auf einen Stuhl, warf ihn aber mit solcher Wucht, daß er über den Stuhl hinwegflog, gegen den Musselinvorhang eines der Fenster. Da ward die Form eines hinter dem Vorhang stehenden Menschen erkennbar.

Monsignore stürzte nach dem Nachttisch und ergriff seine Pistole. Als er sich dem Fenster näherte, trat ein junger Mann in der Livree des Hauses hervor, ebenfalls eine Pistole in der Hand.

Catanzara erhob die seine und wollte losdrücken. Da rief ihm der junge Mann lachend zu:

»Monsignore, erkennen Sie Vanina Vanini nicht?«

»Was soll der schlechte Scherz?« fragte er zornig.

»Sprechen wir in aller Ruhe!« sagte die Principessa. »Übrigens ist Ihre Pistole entladen.«

Der betroffene Präsident überzeugte sich von der Tatsache. Dann zog er einen Dolch aus seiner Westentasche.

»Setzen wir uns, Monsignore!« schlug Vanina mit einer entzückend gebieterischen Gebärde vor und nahm ruhig auf einem Sofa Platz.

»Sind Sie wenigstens allein?« fragte der Polizeipräsident.

»Gänzlich allein! Das schwör' ich Ihnen,« rief Vanina.

Monsignore stellte dies genauestens fest, indem er im ganzen Zimmer herumging und alles durchsuchte. Darauf setzte er sich in einen Lehnstuhl, drei Schritte von Vanina entfernt.

Sie sagte im friedlichsten Tone:

»Welches Interesse könnte ich wohl haben, einem politisch maßvollen Manne nach dem Leben zu trachten, damit an seine Stelle höchstwahrscheinlich ein jähzorniger Schwachkopf träte, der imstande wäre, sich und die anderen zugrunde zu richten?«

»Was wollen Sie eigentlich, Principessa?« fragte Catanzara ärgerlich. »Die Geschichte paßt mir nicht. Sie hat schon lange genug gedauert.«

Hochmütig und ihre Grazie plötzlich verlassend, entgegnete ihm Vanina:

»Was ich noch zu sagen habe, ist für Sie wichtiger als für mich. Man will, daß der Karbonaro Missirilli mit dem Leben davonkommt. Wenn er hingerichtet wird, ist es binnen acht Tagen auch um Sie geschehen. Ich selbst habe keinerlei Interesse an der Sache. Die Torheit, die Ihnen unangenehm ist, begehe ich erstens zu meinem Vergnügen und zweitens, um einer meiner Freundinnen gefällig zu sein ...« Indem sie ihren früheren artigen Ton wieder annahm, fuhr sie fort: »Auch wollte ich einem klugen Manne einen Dienst erweisen, der demnächst mein Onkel wird und offenbar den Glanz seines Hauses noch strahlender machen kann.«

Der Polizeipräsident verlor seine ärgerliche Miene. Vaninas Schönheit trug zweifellos zu diesem plötzlichen Stimmungswechsel bei. Monsignore Catanzaras Vorliebe für hübsche Frauen war stadtbekannt, und in ihrer Maskerade als Lakai mit straffsitzenden seidenen Strümpfen, roter Weste und kokettem himmelblauen silberbetreßten Rocke, die Pistole in der Hand, sah Vanina verführerisch aus.

»Meine liebe Nichte *in spe*,« sagte Catanzara, fast lachend. »Sie begehen eine große Torheit. Es wird wohl nicht die letzte sein.«

Vanina erwiderte:

»Ich hoffe, ein so kluger Grandseigneur wird mein Geheimnis wahren, besonders vor Ihrem Neffen Livio. Um Sie darauf zu verpflichten, verehrter Onkel, und wenn Sie dem Schützling meiner Freundin das Leben retten wollen, sollen Sie einen Kuß von mir bekommen.«

In diesem halb scherzhaften Tone, mit dem die vornehmen Römerinnen die wichtigsten Angelegenheiten zu behandeln verstehen, führte Vanina die Unterhaltung fort. Dadurch wurde aus der Pistolenszene schließlich eine Art Besuch, den die künftige Principessa Savelli ihrem Onkel, dem Stadtkommandanten von Rom, machte.

Wenn Monsignore Catanzara auch den Gedanken, man könne ihn durch Furcht einschüchtern, stolz von sich wies, so war er doch bald so weit umgestimmt, daß er seiner Nichte genau darlegte, welche großen Schwierigkeiten es mit sich brachte, dem Karbonaro das Leben zu erhalten. Schließlich aber versprach er ihr beinahe Missirillis Rettung.

»Unser Geschäft ist gemacht!« frohlockte Vanina. »Zur Besiegelung haben Sie hier Ihren Lohn!«

Sie fiel ihm um den Hals, und Monsignore nahm seinen Lohn entgegen.

»Meine liebe Vanina,« sagte er, »Sie müssen wissen, daß ich kein Freund vom Blutvergießen bin. Außerdem bin ich noch jung, wenngleich ich Ihnen wohl recht alt erscheine. Ich kann sehr wohl noch die Zeit erleben, wo das heute vergossene Blut auf mein Haupt kommt.«

Es schlug zwei Uhr, als Monsignore Catanzara die schöne Vanina nach dem Gartenpförtchen seines Palastes geleitete.

Zwei Tage darauf erschien er vor dem Papst, ein wenig über sein Anliegen verlegen.

Seine Heiligkeit empfing ihn mit den Worten:

»Vor allem erwarte ich, daß Sie mir eine Begnadigung unterbreiten. Einer der Karbonari von Forli ist zum Tode verurteilt. Der Gedanke daran hat mich nicht schlafen lassen. Der Mann muß gerettet werden!«

Als der Polizeipräsident sah, daß der Papst dasselbe wollte wie er, machte er allerlei Einwände. Schließlich setzte er aber eine Verfügung auf, die der Papst ganz gegen seine Gewohnheit *motu proprio* unterzeichnete.

Vanina glaubte zwar an die Möglichkeit, die Begnadigung ihres Geliebten zu erreichen, aber sie befürchtete, man könne ihn vergiften. Schon am Tage vor der Begnadigung erhielt Missirilli durch den Abbate Cari ein paar Pakete Zwiebäcke und die Warnung, die Gefängniskost nicht mehr anzurühren.

Nunmehr erfuhr Vanina, daß die gefangenen Karbonari wieder nach dem Kastell San Leo überführt werden sollten. Sofort faßte sie den Entschluß, Pietro bei seinem Durchzuge durch Civita Castellana zu sehen. Vierundzwanzig Stunden vor den Gefangenen langte sie daselbst an, wo sie mit dem Abbate Cari zusammentraf, der bereits einige Tage dort verweilte. Er hatte den Kerkermeister dazu gebracht, daß Missirilli um Mitternacht in der Gefängniskapelle der Messe beiwohnen durfte. Ja, wenn Missirilli damit einverstanden wäre, sich Arme und Beine in Ketten legen zu lassen, so war der Kerkermeister bereit, sich in den Hintergrund der Kapelle zurückzuziehen, allerdings ohne den Gefangenen außer Sehweite zu lassen. Hören konnte er da nichts von dem, was mit Missirilli gesprochen werden würde.

Endlich kam der Tag, an dem sich Vaninas Schicksal entscheiden sollte. Ganz früh am Morgen schloß sie sich in der Gefängniskapelle ein. Sie litt tausend Qualen. Immer wieder fragte sie sich, ob Missirillis Liebe groß genug sei, um ihr zu verzeihen. Sie hatte seine Mitverschworenen denunziert, aber ihm selbst hatte sie das Leben gerettet. Jedesmal, wenn die Vernunft in ihres Herzens Kämpfen die Oberhand gewann, war sie voller Hoffnung, er würde einwilligen, mit ihr zusammen aus Italien zu fliehen. Wenn sie auch Böses getan hatte, so war es doch aus Übermaß von Liebe geschehen.

Als es vier Uhr schlug, hörte Vanina von weitem auf dem Straßenpflaster die Hufschläge der Karabinieri. Bei jedem einzelnen Schlag erzitterte ihr

Herz. Bald vernahm sie auch das Rollen der Karren, auf denen die Gefangenen befördert wurden.

Auf dem kleinen Platze vor dem Gefängnis machte der Zug halt. Vanina beobachtete, wie zwei Karabinieri Missirilli herunterhoben. Er befand sich allein in einem der Karren und war derart mit Ketten belastet, daß er sich nicht rühren konnte.

»Er ist wenigstens noch am Leben,« sagte sich Vanina, Tränen in den Augen. »Man hat ihn nicht mit Gift aus der Welt geschafft.«

Der Abend war grauenhaft. Die düstere Kapelle ward nur beleuchtet durch eine hochhängende Altarlampe, an der man mit dem Öl sparte. Vaninas Augen irrten über die Grabmäler etlicher Grandseigneurs des Mittelalters, die vor Zeiten im benachbarten Kerker umgekommen waren. Die Steinbilder starrten sie grimmig an. Längst waren alle Geräusche verstummt. Vanina war einsam und allein, in ihre finsteren Grübeleien versunken.

Kurz nachdem es Mitternacht geschlagen hatte, vernahm sie ein leises Geräusch, als ob eine Fledermaus durch den Raum schwirre. Sie wollte ein paar Schritte machen, sank aber halb ohnmächtig an die Balustrade des Altars. Im nämlichen Augenblick sah sie dicht vor sich zwei nebelhafte Gestalten, deren Herannahen sie nicht gehört hatte. Es war der Kerkermeister mit Missirilli. Der letztere war mit Ketten geradezu umwickelt.

Der Kerkermeister klappte seine Laterne auf und stellte sie in Vaninas Nähe auf die Altarbalustrade. Dann zog er sich nach der Tür zurück. Kaum war er verschwunden, da fiel Vanina dem Gefesselten um den Hals. Sie drückte ihn an sich, aber sie spürte nichts als seine kalten harten Ketten. So empfand sie nicht die geringste Freude. Aber ihrem Schmerze darüber folgte noch ein viel schlimmerer. Missirillis Benehmen war so eisig, daß Vanina einen Augenblick lang glaubte, er wisse alle ihre Übeltaten.

Schließlich begann er zu sprechen:

»Liebe Vanina, ich bedaure, daß du dich in mich verliebt hast. Vergeblich suche ich an mir nach Vorzügen, durch die ich deine Liebe verdient hätte ... Reden wir von christlicheren Dingen! Vergessen wir die Illusionen, die uns einstmals in die Irre geführt haben! Ich darf nicht mehr der Deine sein. Das fortgesetzte Unglück, das meine Unternehmungen verfolgt, hat seine Ursache vielleicht darin, daß ich mich dauernd im Zustande der Todsünde befunden habe. Es fällt mir schwer, das alles vom Standpunkte der nüchternen Vernunft zu beurteilen. Warum ward ich in jener verhängnisvollen Nacht in Forli nicht ebenso verhaftet wie meine Genossen? Warum war ich in der Stunde der Gefahr nicht auf meinem Posten? Warum hat meine Abwesenheit den allerschrecklichsten Verdacht aufkommen lassen: ich hätte eine andre Leidenschaft als die Befreiung Italiens?«

Vanina vermochte sich nicht von ihrer Verwunderung zu erholen, Missirilli so gewandelt zu sehen. Er sah eigentlich nicht magerer aus als früher, aber er erschien ihr wie zehn Jahre älter geworden. Sie schob diese Veränderung auf die schlechte Behandlung, die er offenbar in der Gefangenschaft erfahren hatte. In Tränen ausbrechend, sagte sie:

»Ach, die Kerkermeister haben ihr Wort nicht gehalten, dich gut zu behandeln!«

In Wirklichkeit hatten sich angesichts des sicheren Todes in der Seele des jungen Karbonaro allerhand fromme Skrupel zu seiner Leidenschaft für die Befreiung Italiens gesellt. Allmählich begriff Vanina, daß die erstaunliche Veränderung, die sie an ihrem Geliebten wahrnahm, rein innerlicher Art war, keineswegs aber die Wirkung von schlechter körperlicher Behandlung. Wenn sie erst schon geglaubt hatte, ihr Schmerz sei ungeheuer, so fühlte sie ihn jetzt ins Maßlose wachsen.

Missirilli war verstummt. Vanina erstickte fast vor Schluchzen. Ein wenig bewegt begann er von neuem:

»Vanina, wenn ich hienieden etwas geliebt habe, so bist du das gewesen! Aber gottlob hat mein Dasein nur noch ein Ziel: den Tod, sei es im Kerker, sei es bei neuen Versuchen für Italiens Freiheit!«

Wiederum herrschte Stillschweigen. Vanina vermochte kein Wort hervorzubringen. Das sah man ihr an. Vergeblich machte sie Anstrengungen, zu reden. Missirilli fuhr fort:

»Liebe Vanina, die Pflicht ist grausam, aber wenn ihre Erfüllung gar nicht schwer wäre: wo gäbe es dann Heldentum? Gib mir dein Wort, daß du nie wieder den Versuch machen wirst, mich zu sehen!«

Soweit das ihm seine Ketten gestatteten, machte er eine Bewegung und reichte Vanina die Finger.

»Wenn du dem, der dir lieb und wert war, Gehör schenkst, so sei vernünftig und heirate irgendeinen angesehenen Mann, den dir dein Vater wählen wird! Mach ihm kein peinliches Geständnis! Aber ebensowenig versuche, mich wiederzusehen! Seien wir fortan einander fremd! Du hast dem Wohle des Vaterlandes eine beträchtliche Summe gespendet. Wird es je von seinen Tyrannen befreit, so wird dir dieses Geld aus dem Nationalgut getreulich wiedererstattet.«

Vanina war trostlos. Während Pietro so sprach, hatten seine Augen nur einmal aufgeleuchtet: bei dem Worte V a t e r l a n d .

Schließlich brach der Stolz der jungen Römerin durch. Sie hatte sich mit einem Päckchen Diamanten und etlichen kleinen Feilen versehen. Dies bot sie Missirilli an, ohne ihm etwas zu erwidern.

»Ich nehme es an,« sagte der Karbonaro, »denn das erheischt meine Pflicht. Ich muß zu entkommen suchen. Aber ich werde dich nie wiedersehen. Das schwöre ich dir angesichts deiner neuen Wohltat! Lebe wohl, Vanina! Versprich mir, niemals an mich zu schreiben und keinen Versuch zu machen, mich wiederzusehen! Laß mich ganz dem Vaterlande! Ich bin für dich gestorben. Lebe wohl!«

»Nein!« rief Vanina in Raserei. »Du sollst erfahren, was ich getan, aus Liebe zu dir!«

Nun erzählte sie ihm alle ihre Handlungen von dem Augenblick ab, da Missirilli das Schloß von San Nicolo verlassen hatte, um sich dem Legaten zu stellen. Als sie ihren Bericht beendet hatte, sagte sie:

»Aber alles das ist noch nichts. Aus Liebe zu dir hab ich noch mehr getan!«

Jetzt erzählte sie ihm ihren Verrat.

»Bestie du!« schrie Missirilli voller Empörung. Er stürzte auf sie los, um sie mit seinen Ketten zu erschlagen. Es wäre ihm auch gelungen, wäre nicht der Kerkermeister bei seinem ersten Aufschrei herbeigeeilt. Er packte den Wütenden.

»Bestie! Dir will ich nichts zu danken haben! Da!«

Er warf ihr die Feilen und die Edelsteine, so gut er konnte, vor die Füße.

Sodann ward er rasch abgeführt.

Vanina blieb besinnungslos zurück. Dann kehrte sie heim nach Rom. Kurz darauf vermeldeten die Zeitungen ihre Heirat mit Livio Savelli.

# Die Fürstin von Campobasso

Es war im Jahre 1726, also zu Beginn des achtzehnten Jahrhunderts, in Rom. Der Nepotismus trieb seine übelsten Blüten. Aber zu keiner Zeit war der römische Hof glänzender gewesen. Benedikt der Dreizehnte aus dem Hause Orsini regierte, oder vielmehr sein Neffe, der Fürst von Campobasso, der im Namen des Papstes alle Geschäfte führte, die großen wie die kleinen. Von überallher strömten die Fremden in die ewige Stadt. Italienische Nobili und spanische Granden, damals noch im Überflusse des Goldes der Neuen Welt, kamen in Scharen. Jeder Reiche und jeder Machthaber stand über den Gesetzen. Galanterie und Prunk waren offenkundig die einzigen Betätigungen im Gewimmel der Fremden und der Einheimischen.

Die beiden Nichten des Papstes, die Gräfin Orsini und die Fürstin von Campobasso, teilten sich in die Macht ihres Onkels und in die Huldigungen des Hofes. Die Schönheit beider Frauen wäre aufgefallen, selbst wenn sie der Hefe des Volkes angehört hätten. Die Orsini, wie man in Rom familiär zu sagen pflegte, war heiter und lebenslustig, die Campobasso verträumt und fromm. Aber gerade diese zarte Seele war der wildesten Leidenschaft fähig. Ohne erklärte Feindinnen zu sein, wiewohl sie sich tagtäglich beim Papste trafen und sich oft besuchten, waren die beiden Damen Nebenbuhlerinnen in allem, in ihrer Schönheit, ihrem Ansehen, ihrem Reichtum.

Die Gräfin Orsini war weniger schön, aber sie war verführerisch, leichtlebig, tatenlustig, intrigant. Sie hatte Liebhaber, aber ihr Herz blieb ewig frei. Keiner herrschte länger denn einen Tag. Ihr Glück bestand darin, zweihundert Menschen in ihren Sälen zu empfangen und unter ihnen als Königin zu erscheinen. Arg spottete sie ihrer Kusine, der Campobasso. Diese hatte die Ausdauer gehabt, sich drei Jahre lang allerorts mit einem spanischen Granden zu zeigen, bis sie ihm zu guter Letzt sagen ließ, er möge Rom binnen vierundzwanzig Stunden verlassen, wenn ihm sein Leben lieb sei. »Seit dieser Großtat«, scherzte die Orsini, »hat meine erhabene Kusine das Lachen ganz verlernt. Das ist nun schon etliche Monate her. Zweifellos geht die Ärmste an Mißmut oder Liebessehnsucht langsam zugrunde. Und ihr Gatte, dieser Schlaukopf, verfehlt nicht, Seiner Heiligkeit, unserm Onkel, diese Gemütsöde als das Ideal frommen In-sich-gehens zu preisen. Ich denke, eines schönen Tages unternimmt die fromme Büßerin eine Wallfahrt nach Hispania.«

Die Campobasso war indessen himmelweit davon entfernt, sich nach ihrem spanischen Herzog zu sehnen. Sie hatte sich während seiner Regierungszeit zu Tode gelangweilt. Hätte sie Verlangen nach ihm gefühlt, so hätte sie ihn einfach wieder holen lassen. Sie gehörte zu den in Rom nicht raren Menschenkindern, die in der Alltäglichkeit wie in der Leidenschaft immerdar natürlich und naiv sind. Obgleich kaum dreiundzwanzig Jahre alt und in der vollen Blüte ihrer Schönheit, war sie in der Tat fanatisch fromm. Es geschah, daß sie vor ihrem Onkel auf die Knie sank und seinen päpstlichen Segen erflehte. Man weiß sattsam genug, daß der gute Benedikt der Dreizehnte von jedweder Gewissenslast, mit Ausnahme von zwei oder drei Todsünden, auch ohne Beichte absolvierte. Er weinte vor Rührung. »Stehe auf, liebe Nichte!« sprach er. »Du bedarfst meines Segens nicht. In den Augen des Herrn stehst du höher als ich.«

Hierin täuschte sich Seine Heiligkeit trotz aller Unfehlbarkeit. Und mit ihm ganz Rom. Die Campobasso war toll verliebt. Ihr neuer Liebhaber liebte sie ebenso leidenschaftlich wie sie ihn. Aber trotzdem war sie tief unglücklich.

Seit mehreren Monaten sah sie bei sich fast täglich den Attaché Chevalier von Senecé, einen Neffen des Herzogs von Saint-Aignan, des damaligen Gesandten Ludwigs des Fünfzehnten in Rom.

Der junge Senecé war als Sohn einer Favoritin des Regenten Philipp von Orleans der Empfänger ausgesuchter Ehren. Er war kaum zweiundzwanzig Jahre alt und schon längst Oberst. In seinem Wesen hatte er etwelche dandyhafte Angewohnheiten, aber er war nicht anmaßend. Heiterkeit, nimmermüde Vergnügungssucht, Unbesonnenheit, Schneid und Gutmütigkeit waren die Haupteigenschaften seines eigenartigen Charakters, und man konnte zum Lobe seiner Nation sagen, daß er ein vollauf mustergültiger Vertreter von ihr war. Gerade das typisch Gallische hatte die Fürstin vom ersten Augenblick an bestochen. »Ich traue dir nicht über den Weg,« sagte sie einmal zu ihm. »Du bist Franzose. Und eines erkläre ich dir im voraus: An dem Tage, wo Rom erfährt, daß ich dich manchmal heimlich bei mir habe, weiß ich, daß du mich verraten hast. Dann ist meine Liebe aus.«

Sie hatte mit der Liebe gespielt und war dabei der wildesten Leidenschaft verfallen. Auch Senecé hatte sie geliebt, wie bereits gesagt, aber das Einvernehmen beider währte bereits acht Monate, und in der Zeit, da sich die Liebe einer Italienerin verdoppelt, stirbt die eines Franzosen. Die Eitelkeit tröstete den Chevalier ein wenig in seiner Langenweile. Bereits hatte er zwei oder drei Porträts der Fürstin nach Paris gesandt. Übrigens war er von Jugend auf in jeder Hinsicht ein begnadetes Glückskind, so daß er seine sorglose Natur selbst in Dingen der Eitelkeit nicht verleugnete, die doch sonst die Herzen seiner Landsleute nicht in Ruhe läßt.

Senecé hatte für den Charakter seiner Geliebten nicht das geringste Verständnis. Infolgedessen kam ihm ihre Bizarrerie bisweilen spaßig vor. Sehr oft, ganz besonders am Festtage der Heiligen Balbina, deren Namen sie trug, hatte er die Herzenskämpfe und Gewissensbisse dieser aufrichtig frommen Schwärmerin zu beschwichtigen. Bei aller Liebe und Leidenschaft hatte sie, gerade wie eine Frau aus dem Volke, ihren Glauben nicht vergessen. Der Chevalier hatte diese Regung nur mit Gewalt besiegt und mußte sie so immer von neuem besiegen.

Dies Hindernis war das erste, das dem mit allen Gaben des Zufalls überschütteten jungen Mann in seinem Leben begegnete. Es war der Anlaß, daß er der Fürstin gegenüber zärtlich und aufmerksam blieb. Von Zeit zu Zeit hielt er es für seine Pflicht, sie zu lieben.

Er hatte in Rom nur einen Vertrauten. Das war sein Gesandter, der Herzog von Saint-Aignan, dem er durch die Campobasso, der er alles erzählte, ein paarmal Dienste leistete. Nicht zu vergessen: die Wichtigkeit, die er dadurch in den Augen des Gesandten gewann, schmeichelte ihm ungemein.

Die Campobasso war auch hierin so ganz anders als Senecé. Die gesellschaftlichen Vorzüge des Geliebten machten gar keinen Eindruck auf sie. Geliebt oder nicht geliebt werden war ihr ein und alles. »Ich opfre ihm auf ewig mein Seelenheil,« dachte sie oft bei sich. »Er ist ein Ausländer. Ein Ketzer. Er kann mir derlei Opfer gar nicht entgelten.« Aber wenn dann der Chevalier erschien, in seinem Frohsinn, der so entzückend und so ungezwungen war, dann staunte sie wie vor einem Wunder und ließ sich so gern bezaubern. Bei seinem Anblicke vergaß sie alles, was sie sich vorgenommen hatte ihm zu sagen, und alle ihre düsteren Gedanken waren verflogen. Das war für sie ein Zustand, den ihre erdenferne Seele noch nie erlebt hatte. Er dauerte weiter, wenn Senecé längst von ihr wieder fort war. Schließlich ward sie sich klar, daß sie ohne den Geliebten nicht denken, nicht leben konnte.

Die Mode, die in Rom zwei Jahrhunderte hindurch die Spanier bevorzugt hatte, begann sich schon damals den Franzosen zuzuwenden. Man fing an, ihren Charakter zu verstehen, der Freude und Glück überall hinträgt, wo er sich zeigt. Diesen Charakter gab es einstmals nur in Frankreich. Seit der großen Revolution von 1789 ist er nirgends mehr zu finden. Denn ein so beständiger Frohsinn gedeiht nur bei Sorglosigkeit. Heutzutage gibt es in Frankreich für niemanden mehr eine sichere Laufbahn und ruhige Lebensentwicklung, nicht einmal mehr für das Genie, das so seltene. Zwischen den Angehörigen der Kaste Senecés und dem Reste der Nation herrscht Kriegszustand. Auch in Rom war es damals bei weitem anders als in unsren Tagen. Im Jahre 1726 ahnte man nichts von dem allen, was sich daselbst zwei Menschenalter später zutragen sollte, als das Volk, von etlichen Pfaffen bestochen, den Jakobiner Basseville umbrachte, der die Hauptstadt der Christenheit angeblich zivilisieren wollte.

Dem Chevalier gegenüber hatte die Campobasso, was ihr noch nie widerfahren, die Vernunft verloren. Dinge, die der gesunde

Menschenverstand nicht billigt, hatten sie himmelhoch jauchzend und zu Tode betrübt gemacht. Nachdem Senecé einmal die Religiosität ihres strengen ehrlichen Herzens besiegt hatte, also etwas, was ihr hehrer und höher gewesen als die irdische Vernunft – seitdem war ihre Liebe lodernde Leidenschaft geworden.

Die Fürstin hatte einem Monsignore Ferraterra ihr Wohlwollen geschenkt und sich vorgenommen, ihn emporzubringen. Ihr ward ganz seltsam zumute, als Ferraterra ihr eines Tages vermeldete, Senecé ginge nicht nur auffällig viel zur Orsini, sondern er wäre auch daran schuld, daß die Gräfin ihrem offiziellen Liebhaber, einem berühmten Sänger, den Laufpaß gegeben hatte.

Es war an dem Abend, da die Campobasso diese schicksalsschwere Nachricht erhalten hatte.

Regungslos saß sie im Erdgeschoß ihres Palastes in einem riesigen Lehnstuhl von vergoldetem Leder. Neben ihr, auf einem Tischchen mit schwarzer Marmorplatte, stand ein mächtiger zweiarmiger Leuchter auf hohem Fuß, ein Meisterwerk von Benvenuto Cellini. Das Licht der dicken Kerzen durchhellte das weite Gemach und ließ Einzelheiten aus der Finsternis hervortreten. An den Wänden hingen Gemälde, vom Alter gedunkelt; denn die Zeit der großen Meister war längst vorüber.

Der Fürstin gegenüber, fast zu ihren Füßen, auf einem niedrigen Ebenholzschemel, der mit massivem Goldzierat geschmückt war, hockte die rassige Gestalt des jungen Franzosen. Die Römerin schaute ihn an. Ununterbrochen. Seit er den Saal betreten, hatte sie noch kein Wort an ihn gerichtet. Sonst war sie ihm immer entgegengeeilt und ihm in die Arme geflogen.

Im Jahre 1726 war Paris bereits die Königin der Eleganz und des Schicks. Der Chevalier ließ sich von dort durch die Post regelmäßig allerlei kommen, was das schmucke Aussehen auch des feschesten Franzosen noch erhöht. Senecé hatte seine weltmännische Schulung durch die großen Mondänen am Hofe des Regenten und unter der Anleitung des berüchtigten Canillac, eines Roués am Hofe Philipps, empfangen. Aber trotz seiner bei einem Manne seines Ranges so natürlichen Sicherheit war er einigermaßen verlegen. Seine Miene verriet es deutlich. Er sah ihr ins Gesicht. Ihr schönes blondes Haar war nicht ganz in Ordnung. Ihre großen schwarzblauen Augen starrten ihn an. Aber er verstand nicht, was ihr düsterer Ausdruck besagte. Sann sie auf tödliche Rache? Oder war es nur der tiefe Ernst leidenschaftlicher Liebe?

»Also du liebst mich nicht mehr?« stieß sie endlich hervor.

Dieser Kriegserklärung folgte neues langes Schweigen.

Es fiel der Fürstin schwer, auf diesen verführerischen entzückenden Mann verzichten zu sollen. Wenn sie ihm keine Szene machte, war er stets bereit, ihr tausend Torheiten zu sagen. Des war sie überzeugt. Aber sie war viel zu stolz, als daß sie die Aussprache hinausgeschoben hätte. Eine gefallsüchtige Frau ist eifersüchtig aus Eigenliebe. Eine leichtlebige, weil sie das so gewohnt ist. Eine Frau jedoch, die wahrhaftig und leidenschaftlich liebt, hegt das Bewußtsein ihrer Rechte.

Die sonderbare Art ihres Blickes, die der römischen Leidenschaft eigentümlich ist, belustigte Senecé. Er sah in eine Tiefe voller Geheimnisse und Rätsel. Das war Seelennacktheit. Die Orsini besaß diesen Reiz nicht.

Trotz dieser Entdeckung dauerte dem jungen Franzosen das Stillschweigen über die Maßen an. Da er in der Kunst, die geheime Innenwelt eines italienischen Herzens zu ergründen, so gar kein Meister war, fand er seine ruhige vernünftige Miene wieder und geriet in sein gewohntes Wohlbehagen. Das heißt: einen Kummer hatte er in diesem Augenblick doch. Beim Durchschreiten des Kellerganges, der aus einem Nachbarhause in den tiefgelegenen Saal führte, in dem die Fürstin ihn empfing, war an der blitzsauberen Stickerei seines wunderfeinen, erst gestern aus Paris angekommenen Rockes eine Spinnewebe hängengeblieben. Das verdroß ihn. Vor Spinnen hatte er Abscheu.

Senecé bildete sich ein, in den Augen der Geliebten die Stille vor dem Sturm zu erkennen. »Um einen Auftritt zu vermeiden,« dachte er, »gehe ich ihren Vorwürfen aus dem Wege. Dann brauche ich nicht Rede und Antwort zu stehen.« Dann aber, in einem Stimmungsmischmasch von Ärgerlichkeit und Ernst, sagte er sich folgendes:

»Wäre hier nicht eine günstige Gelegenheit da, ihr die Wahrheit leise anzudeuten? Sie wirft die Frage aus freien Stücken auf. Damit ist schon der halbe Verdruß überstanden. Ganz bestimmt: ich bin wirklich nicht für die Liebe geschaffen. Aber nie habe ich etwas Schöneres gesehen als diese Frau mit ihren Sphinxaugen. Sie hat schlechte Manieren. Sie läßt mich durch abscheuliche Keller schleichen. Andrerseits ist sie die Nichte des Souveräns, an dessen Hof mich mein König und Herr gesandt hat. Mehr noch: sie ist blond in einem Lande, wo alle Frauen brünett sind. Das ist ein ganz besonderer Vorzug. Es vergeht kein Tag, an dem ich nicht hörte, daß sie himmlisch schön sei, und das sagen Leute, deren Zeugnis unparteiisch ist, Leute, die nicht im entferntesten ahnen, daß sie mit dem glücklichen Besitzer so vieler Reize sprechen. Was die Macht anbelangt, die ein Mann über seine Geliebte haben soll, so brauche ich mir in dieser Hinsicht keine Sorgen zu machen. Wenn ich es darauf ankommen lassen wollte, so genügt ein einzig Wort und ich entführe sie aus diesem Palaste mit seinen Goldmöbeln, weg von ihrem Onkel und all dem Glanz seines Hofes, nach Frankreich, nach einem meiner Güter, in einen Winkel der Provinz, in ein obskures Dasein ... Hol mich der Teufel: die Aussicht auf diese selbstlose Treue veranlaßt mich zu dem festen Entschluß, sie lieber nicht zu fordern. Die Orsini ist lange nicht so hübsch. Wenn sie mich liebt, liebt sie mich eben. Vielleicht ein bißchen mehr als den Kastraten Butafoco, den sie gestern in Gnaden entlassen hat, mir zu Ehren. Aber sie ist ein Weltkind. Sie hat Lebensart. Man kann bei ihr im Wagen vorfahren. Und eins weiß ich ganz bestimmt: eine Szene wird sie mir niemals machen. Dazu liebt sie mich viel zu wenig.«

Während des langen Schweigens hatte die Fürstin ihren starren Blick nicht abgewandt von der sonnigen Stirn des jungen Franzosen.

»Ich sehe ihn zum letzten Male,« klagte sie bei sich. Und urplötzlich warf sie sich in seine Arme und drückte heiße Küsse auf seine Stirn und auf seine Augen, die längst nicht mehr leuchteten, wenn er sich bei ihr einstellte.

Der Chevalier hätte sich selber verachtet, hätte er nicht augenblicklich all seine Pläne, mit ihr zu brechen, vergessen. Sie freilich, sie war zu erregt und empört, um von ihrer Eifersucht zu lassen. Im nächsten Augenblick sah Senecé zu seiner Verwunderung, daß Tränen der Wut über ihre Wangen jagten. Halblaut redete sie mit sich selbst: »Wie? Ich erniedrige mich so sehr, daß ich ihm seinen Wankelmut vorwerfe! Ich, die ich mir geschworen habe, mir nie etwas davon anmerken zu lassen! Ach, meine Niedrigkeit ist noch viel schlimmer. Ich muß der Leidenschaft nachgeben, mit der mich dieser Verführer vergiftet hat! Ach, ich verworfene, verworfene, verworfene Fürstin! Ich muß ein Ende machen.«

Sie trocknete ihre Tränen und gab sich den Anschein, als beruhige sie sich.

»Chevalier,« sagte sie fast friedsam, »wir müssen ein Ende machen! Sie gehen oft zur Gräfin ...«

Hier ward sie totenbleich.

»Wenn du sie liebst, so gehe alle Tage hin! Meinetwegen. Aber komme nie wieder hierher ...«

Sie hielt inne, als ob es ihr schwer fiele, weiter zu reden. Sie wartete auf ein Wort des Chevaliers. Aber dieses Wort ward nicht gesprochen. Sie mußte einen leichten Krampf in sich überwinden, und aus aufeinandergebissenen Zähnen drangen ihre weiteren Worte hervor:

»Das ist mein Todesurteil und das Ihre!«

Diese Drohung machte die schwankende Seele des Chevaliers wieder fest. Zunächst war er über den unvermittelten Wandel von zärtlicher Liebkosung zu Zorn erstaunt gewesen. Jetzt begann er zu lachen.

Rasche Röte überflutete die Wangen der Fürstin, bis sie scharlachrot wurden. »Jetzt erstickt sie vor Wut,« dachte Senecé. »Sie kriegt einen Schlaganfall.«

Er eilte auf sie zu, um ihr das Kleid am Halse zu öffnen. Sie stieß ihn zurück, mit einer Entschlossenheit und einer Kraft, die er nicht gewohnt war. Später erinnerte er sich, daß sie mit sich selber gesprochen hatte, als er den Versuch gemacht, sie in seine Arme zu nehmen. Im Moment trat er ein wenig zurück, ohne recht zu wissen, warum. Seine halb unbewußte Diskretion war unnötig. Offenbar sah sie ihn gar nicht mehr. Er war ihr tausend Meilen fern. Halblaut, aus zusammengepreßter Kehle, stammelte sie: »Er beschimpft mich. Er höhnt mich. Ich weiß, jung wie er ist, und bei der Plauderhaftigkeit, die hierzulande herrscht, wird er der Orsini meine ganze Würdelosigkeit erzählen, meine Selbsterniedrigung ... Ich bin meiner nicht mehr sicher. Ich habe nicht einmal mehr die Macht über mich, vor seinen hübschen Augen kalt zu bleiben ...«

Wiederum ward sie schweigsam. Der Chevalier langweilte sich gräßlich. Endlich erhob sich die Fürstin und sagte abermals in noch unheilvollerem Tone:

»Wir müssen ein Ende machen!«

Senecé, der unter ihren Küssen auf den Gedanken einer ernsten Erklärung verzichtet hatte, sagte ein paar Scherzworte, die ein Ereignis betrafen, über das man in Rom zurzeit gerade viel redete.

»Lassen Sie mich, Chevalier!« unterbrach sie ihn unwillig. »Ich fühle mich nicht wohl.«

»Diese Frau ist mißlaunig,« dachte Senecé bei sich und beeilte sich zu gehorchen. »Nichts ist so ansteckend wie schlechte Laune.«

Die Fürstin folgte ihm mit den Augen, bis er aus dem Saale verschwunden war. Mit bitterem Lächeln sagte sie sich:

»Und ich wollte blindlings über mein Lebensgeschick entscheiden! Es war ein Glück, daß mich seine unangebrachten Scherze aufgerüttelt haben. Wie beschränkt ist dieser Mann! Wie kann ich ein Wesen lieben, das mich so wenig versteht? Er will mich durch einen Scherz erheitern, zu einer Stunde, da mein und sein Leben auf dem Spiele steht! Ach, wie klar wird mir hierbei das unheimliche dunkle Element in meiner Natur, das mein Unglück ist!«

Sie fuhr wild aus ihrem Lehnstuhl auf.

»Wie herrlich waren seine Augen, als er mir jene heiteren Worte sagte! Ja, ich kann es nicht leugnen: die Absicht des armen Jungen war liebenswert. Er kennt den Unglückszug meines Charakters. Er wollte mich über das schwarze Herzeleid hinwegtrösten, das mich quält. Andre hätten mich nach dem Grund gefragt. Liebenswürdiger Franzose! Mein Gott, was wußte ich vom Glück, eh ich ihn liebte?«

Der Gedanke an die guten Seiten ihres Geliebten verführte sie zu köstlicher Träumerei. Dann aber fielen ihr die Vorzüge der Gräfin Orsini ein. Wiederum ward ihr die Seele finster. Die Qualen der schrecklichsten Eifersucht peinigten ihr das Herz. In Wahrheit stand sie seit zwei Monaten im Banne düsterer Vorahnung. Erträgliche Augenblicke hatte sie nur in der Gegenwart des Chevaliers gehabt, und doch hatte sie ihm beinahe immer, wenn sie in seinen Armen gelegen, bittere Worte gesagt.

Der Abend war furchtbar für sie. Erschöpft und durch den Schmerz gewissermaßen sanfter gestimmt, erwog sie den Gedanken, noch einmal mit dem Chevalier zu reden. »Er hat wohl gesehen, daß ich empört bin, aber er kennt den Grund meiner Klage nicht. Vielleicht liebt er die Gräfin gar nicht. Vielleicht geht er nur zu ihr, weil er als Fremder die geselligen Zustände des Landes kennen lernen, insonderheit in der Familie des Herrschers verkehren muß. Wenn ich mir Senecé offiziell in mein Haus einführen lasse, wenn er vor aller Augen hierher kommen kann, dann bleibt er vielleicht ebenso stundenlang bei mir wie bei der Orsini.«

»Nein!« rief sie in Raserei. »Ich erniedrige mich, wenn ich spreche. Er würde mich verachten. Weiter käme nichts dabei heraus. Der Flattersinn der Orsini, den ich in meiner Tollheit oft verachtet habe, ist wahrlich angenehmer als mein Charakter, zumal in den Augen eines Franzosen. Ich bin dazu geschaffen, mürrisch mit einem Spanier dahinzuleben. Was ist verrückter, als immer ernst zu sein, als ob die Tatsachen des Daseins nicht schon an und für sich ernst genug wären! Was soll aus mir werden, wenn ich meinen Chevalier nicht mehr habe, der frohes Leben in mich bringt, der die warme Sonne in mein Herz trägt, die sonst nicht drinnen scheint?«

Sie hatte befohlen, niemanden vorzulassen außer Monsignore Ferraterra. Er kam, um ihr Bericht zu erstatten, was sich im Hause der Gräfin Orsini bis ein Uhr nachts zugetragen hatte. Der Prälat hatte der Fürstin in ihrer Liebesgeschichte ehrlich gedient. Er zweifelte seit gestern nicht mehr, daß Senecé sehr bald mit der Orsini die allerintimsten Beziehungen haben würde, ja, vielleicht bereits hätte.

Sein Gedankengang war nun folgender:

»Die Fürstin wird mir mehr nützen, wenn sie sich von ihrer Sünde kehrt, denn als Dame der großen Welt. Dort wird sie immer einen haben, der ihr lieber ist als ich, einen Liebhaber. Eines Tages kann diese Rolle ein Römer spielen. Er kann einen nahen Verwandten haben, der Kardinal werden will. Bekehre ich sie aber zu einem frommen Wandel, so wird sie immer zuerst an ihren Gewissensrat denken, und bei ihrem leidenschaftlichen Sinn ... was kann ich da nicht alles von ihrem Onkel erhoffen!«

So wiegte sich der ehrgeizige Prälat in den verlockendsten Zukunftsträumen. Im Geiste sah er, wie sich die Fürstin dem Papste zu Füßen warf und den Kardinalshut für ihn erbat. Seine Heiligkeit würde ihr dies allergnädigst gewähren, schon aus Erkenntlichkeit gegen ihn. Er hatte nämlich die Absicht, sobald die Fürstin bekehrt wäre, Benedikt dem Dreizehnten unwiderlegliche Beweise ihres Verhältnisses mit dem jungen Ausländer vorzulegen. Der Papst, fromm, sittenstreng und voller Abscheu vor den Franzosen, würde demjenigen ewige Dankbarkeit bewahren, der eine Seiner Heiligkeit so mißfällige Sache aus der Welt geschafft hätte.

Ferraterra gehörte dem Hochadel von Ferrara an. Er war reich und schon über fünfzig Jahre alt. Durch die nahe Aussicht auf den Kardinalshut vollbrachte er Wunder. Alsbald änderte er seine Rolle bei der Campobasso. Der Prälat, der sich in Senecés Charakter schlecht zurechtfand, hielt ihn für ehrgeizig. Es war zwei Monate her, daß der Chevalier die Fürstin vernachlässigte. Ihm zu nahe zu treten, dünkte ihn gefährlich.

Der Prälat hatte eine sehr lange Zwiesprache mit der vor Liebe und Eifersucht tollen Fürstin. Er begann mit einem ausführlichen Geständnis der traurigen Wahrheit. Nach dieser wuchtigen Einleitung war es nicht schwierig, die religiösen und moralischen Gefühle, die im Herzensgrund der Römerin schlummerten, in Bewegung zu bringen. Es war echte Frömmigkeit in ihr.

»Jedwede gottlose Leidenschaft muß mit Unglück und Schande enden!« sagte Ferraterra salbungsvoll.

Als er den Palazzo Campobasso verließ, war es hellichter Tag. Er hatte der Bußfertigen das Gelübde abgenommen, Senecé an diesem Tage nicht einzulassen.

Dies zu versprechen, war der Fürstin nicht schwer gefallen. Sie wollte fromm sein. Außerdem fürchtete sie, sich in den Augen des Geliebten verächtlich zu machen, wenn sie sich schwach zeigte.

Ihr Entschluß hielt bis vier Uhr nachmittags an. Das war die Stunde, da der Chevalier sie zu besuchen pflegte. In der Tat erschien er auf dem Wege, der an der Rückfront des Palazzo Campobasso vorbeiführte. Als er das Zeichen bemerkte, das ihm kundtat, sein Eintritt sei unmöglich, ging er höchst zufrieden von dannen, zur Orsini.

Die Einsame fühlte, wie der Wahnsinn sie langsam überkam. In ihrem Hirn jagten sich die seltsamsten Pläne und Entschlüsse. Plötzlich lief sie wie eine Rasende die große Treppe ihres Hauses hinunter, befahl ihren Wagen und rief dem Kutscher zu:

»Palazzo Orsini!«

Das Übermaß ihres Leids zwang sie, ohne rechten Willen, ihre Kusine aufzusuchen. Sie traf sie in einer Gesellschaft von fünfzig Personen. Alles, was in Rom Witz und Ehrgeiz hatte, ging im Palazzo Orsini ein und aus. Im Palazzo Campobasso fand man nicht so leicht Eingang.

Das plötzliche Erscheinen der Fürstin erregte großes Aufsehen. Ehrerbietig machte ihr alle Welt Platz. Sie bemerkte das gar nicht. Sie sah nichts als ihre Rivalin und staunte sie an. Zu ihrer Qual und Pein fand sie eine Menge reizender Dinge an ihr. Stumm und versonnen saß sie da.

Nach ein paar Höflichkeitsphrasen begann die Orsini wie vorerst in ihrer witzigen, munteren losen Art zu plaudern. Die Campobasso dachte bei sich:

»Dieser Frohsinn paßt tausendmal besser zum Chevalier als meine tolle grüblerische Liebe.«

In einer ihr selber unerklärlichen Aufwallung von Bewunderung und Haß fiel sie der Gräfin um den Hals. Sie hatte für nichts Augen als für den Charme ihrer Kusine. Aus der Nähe wie von ferne schien sie ihr in gleichem Maße anbetungswürdig. Sie verglich ihr Haar, ihren Teint, ihre Augen mit den eigenen. Das Ergebnis dieser wunderlichen Prüfung war, daß die Fürstin an sich selbst alles häßlich und abscheulich fand. An ihrer Rivalin hingegen dünkte sie alles unvergleichlich und köstlich.

Starr und finster saß die Campobasso inmitten der schwatzenden und gestikulierenden Menschenmenge wie eine Basaltstatue. Man kam und ging, laut und lärmend. Alles das verursachte ihr Unbehagen, geradezu Pein. Da hörte sie, daß man den Chevalier von Senecé meldete. Es wurde ihr ganz seltsam zumute.

Zu Beginn ihrer heimlichen Beziehungen war sie mit ihm übereingekommen, daß er in Gesellschaft wenig mit ihr reden und sich so benehmen solle, wie sich das für einen ausländischen Diplomaten geziemt, der einer Nichte des Souveräns, bei dem er beglaubigt ist, just zwei- oder dreimal den Monat begegnet.

Senecé begrüßte die Fürstin mit dem gewohnten Respekt und Ernst. Sodann gesellte er sich wieder zur Gräfin Orsini, bei der er den heiteren, fast vertraulichen Ton anschlug, dessen man sich vor einer lebhaften Frau bedient, die einen gern und täglich sieht. Die Campobasso war zu Tode verwundet.

»Die Gräfin zeigt mir, wie ich hätte sein sollen,« sagte sie sich und ging hinweg. Sie hatte die letzte Leidensstation erreicht. Unglücklicher konnte kein menschliches Wesen werden. Sie war entschlossen, Gift zu nehmen. Alle Wonnen, die ihr der Geliebte je geschenkt, vermochten die Wagschale mit den grenzenlosen Herzensqualen nicht zu halten, die sie in der Nacht heimsuchten. Römerinnen haben tausendmal mehr Leidenschaft als andere Frauen.

Am nächsten Tage kam Senecé wiederum am Palast vorüber. Wiederum grüßte ihn das Zeichen der Ablehnung. Wiederum ging er fröhlich von dannen. Trotzdem war er gekränkt.

»Also war das neulich doch der Laufpaß!« meinte er, und seine Eitelkeit flüsterte ihm zu: »Du mußt sie in Tränen sehen!«

Bei dem Gedanken, ein so schönes Weib, die Nichte Seiner Heiligkeit, auf immerdar verloren zu haben, empfand er eine verliebte Regung. Er kroch in den wenig sauberen Kellergang, der ihm jedesmal gräßlich unangenehm war, und trat die Tür ein, die zu dem Saale des Erdgeschosses führte, in dem ihn die Fürstin zu empfangen pflegte.

»Unerhört!« rief die Fürstin, die in diesem Raume ihrem Leid nachhing. »Sie wagen es, hier zu erscheinen?«

»Ihre Entrüstung ist Heuchelei!« dachte der junge Franzose bei sich. »Diesen Saal betritt sie nur, wenn sie meiner harrt.«

Der Chevalier ergriff ihre Hand. Sie zitterte. Ihre Augen füllten sich mit Tränen. Er sah sie an. Nie war sie ihm hübscher erschienen. Im Augenblick liebte er sie. Sie aber vergaß alle die frommen Gelübde der letzten zwei Tage und warf sich in seine Arme. »Und dieses Glück soll fortan die Orsini haben!« rief sie.

Senecé, der wie immer die römische Seele mißverstand, wähnte, sie wolle sich von ihm in guter Freundschaft trennen, wolle einen Bruch unter Wahrung des äußeren Scheins. Dies wäre so recht nach seinem Sinn gewesen. »Als Attaché der königlichen Gesandtschaft«, sagte er sich, »wäre es inkorrekt von mir, wenn ich mir die Nichte des Souveräns, bei dem ich beglaubigt bin, zur Todfeindin machte. Viel fehlte dazu nicht.« Im voraus stolz auf den glücklichen Ausgang, zu dem er es höchstwahrscheinlich, wie er meinte, bringen würde, begann er der Fürstin Vernunft zu predigen. Sie würden im angenehmsten Verein leben. Warum sollten sie nicht sehr glücklich sein? Was hätte sie ihm eigentlich vorzuwerfen? Die Liebe mache einer guten traulichen Freundschaft Platz. Er bäte inständig um das Vorrecht, von Zeit zu Zeit an diesen lieben, alten Ort zurückkehren zu dürfen. Ihre Beziehungen würden immer zärtlich sein ...

Zuerst verstand ihn die Fürstin nicht. Als sie endlich zu ihrem Entsetzen begriff, erstarrte sie. Unbeweglich, stieren Blicks stand sie da. Schließlich, bei seiner letzten Torheit, »den immer zärtlichen Beziehungen«, unterbrach sie ihn mit dumpfer, wie aus der untersten Tiefe ihres Herzens dringender Stimme, wobei sie langsam Wort für Wort betonte:

»Sie wollen wohl sagen, Sie finden mich immer noch hübsch genug, um mich als Dirne zu gebrauchen!«

»Aber beste, teuerste Freundin,« erwiderte ihr Senecé in ungeheuchelter Verwunderung, »habe ich denn Ihre Eigenliebe verletzt? Wie kann es Ihnen nur in den Sinn kommen, Worte des Vorwurfs zu äußern? Glücklicherweise ahnt ja kein Mensch etwas von unserm Einverständnis. Ich bin ein Edelmann. Ich gebe Ihnen von neuem mein Ehrenwort: niemals soll ein lebendes Wesen von dem Glück erfahren, das Sie mir geschenkt haben!«

»Auch die Orsini nicht?« fragte sie in so kühlem Tone, daß des Chevaliers Verblendung weiterwährte. Naiv gab er die Antwort:

»Habe ich Ihnen je die Namen derer genannt, die ich vielleicht geliebt habe, ehe ich Ihr Sklave ward?«

»Bei aller meiner Hochachtung vor Ihrem Ehrenworte, stehe ich hier doch vor einer Gefahr, die ich vermeiden möchte.«

Das klang so fest und feierlich, daß der junge Franzose endlich stutzte.

»Leben Sie wohl, Chevalier!«

Ihre Stimme zitterte mit einem Male. Aber schon wiederholte sie klar und bestimmt:

»Leben Sie wohl, Chevalier!«

Er ging.

Die Fürstin ließ Ferraterra holen.

»Es gilt, mich zu rächen!« erklärte sie ihm.

Der Prälat war hocherfreut.

»Jetzt gibt sie sich in meine Hände!« frohlockte er. »Nun ist sie mein für ewig!«

Zwei Tage später, nach einem erdrückend heißen Tage, ging Senecé um Mitternacht auf dem Korso spazieren, um frische Luft zu schöpfen. Ganz Rom war auf den Beinen. Als er wieder in seinen Wagen steigen wollte, vermochte ihm sein Diener kaum zu antworten. Er war betrunken. Der Kutscher war verschwunden. Der Diener meldete ihm lallend, der Kutscher hätte einen Streit mit einem »Feinde« gehabt.

»Großartig! Mein Kutscher hat Feinde!« lachte der Chevalier und schickte sich an, zu Fuß nach Haus zu gehen.

Unterwegs, kaum zwei oder drei Straßen vom Korso weg, nahm er wahr, daß er verfolgt wurde. Drei, vier oder fünf Männer blieben jedesmal stehen, sobald er haltmachte. Wenn er weiterging, setzten auch sie ihren Weg fort.

»Ich könnte einen Bogen machen und auf einer andern Straße nach dem Korso zurückkehren,« überlegte sich Senecé. »Unsinn!« meinte er dann wieder. »Was stören mich diese Kerle? Ich bin ja bewaffnet.«

Er nahm den blanken Dolch in die Hand.

Mit diesen Gedanken schritt Senecé weiter, durch mehrere abgelegene Straßen, von denen eine immer einsamer war als die andere. Er hörte, daß die Männer hinter ihm schneller gingen. Er spähte nach vorwärts. Da bemerkte er gerade vor sich eine kleine Kirche, die den Franziskanermönchen gehörte. Seltsamer Schimmer leuchtete hinter den hohen Fenstern.

Senecé stürzte auf das Portal und pochte mit dem Holzknauf stark an die Tür. Die Männer, die ihm nachgegangen, waren fünfzig Schritt von ihm entfernt. Jetzt begannen sie auf ihn zuzulaufen. In diesem Augenblick öffnete ein Mönch die Tür. Senecé trat eilends in die Kirche. Der Mönch schlug die Tür rasch zu. Gleich darauf donnerten die Banditen mit den Füßen gegen die Türe.

»Gottlose Buben!« murmelte der Mönch.

Senecé gab ihm eine Zechine.

»Offenbar wollten sie mir ans Leben,« sagte er.

Die Kirche strahlte im Glanze von mindestens tausend Kerzen.

»Seltsam! Messe zu dieser Stunde?« fragte der Chevalier den Mönch.

»Zu Befehlen, Eccellenza! Mit besonderer Erlaubnis Seiner Eminenz des Herrn Kardinal-Vikar.«

Das Chor der kleinen Kirche – genannt *San Francesco a Ripa* – war auf das prächtigste zu einer Trauerfeier hergerichtet. Man sang die Totenmesse.

»Wer ist der Verstorbene?« erkundigte sich Senecé. »Ein Fürst?«

»Ich glaube,« antwortete der Priester. »Denn man hat nichts gespart. Wahrlich, das ist Geld- und Lichtverschwendung! Der Herr Pfarrer hat uns übrigens erzählt, der Entschlafene sei ohne das Sakrament gestorben.«

Senecé ging näher heran und erblickte ein Wappenschild von französischer Form. Seine Neugier steigerte sich. Er trat dicht an den aufgebahrten Sarg und erkannte sein eigenes Wappen und las die lateinische Inschrift:

NOBILIS HOMO
IOANNES NOBERTVS SENECE
EQVES
DECESSIT ROMAE
A. D. MDCCXXVI

Zu deutsch: Der edle Herr Johann Norbert Chevalier von Senecé, gestorben zu Rom im Jahre des Herrn 1726.

»So habe ich also den Vorzug, meiner eigenen Leichenfeier beizuwohnen,« sagte sich Senecé halblaut. »Bisher hat sich meines Wissens nur Kaiser Karl der Fünfte dieses Vergnügen geleistet. Mir scheint, hier weiter zu verweilen ist vom Übel.«

Er gab dem Mesner ein zweites Goldstück.

»Pater, laßt mich durch das Hinterpförtchen Eures Klosters hinaus!«

»Sehr gern, Eccellenza!« erwiderte der Mönch.

Kaum war der Chevalier auf der Straße, da begann er, in der Linken den Dolch, in der Rechten sein Pistol, zu laufen, was er nur konnte. Bald hörte er wiederum hinter sich Verfolger. Als er vor seinem Haus anlangte, schien ihm die Türe verschlossen zu sein. Ein Mann stand davor.

»Jetzt gibts einen Kampf!« dachte der junge Franzose. Eben wollte er den Dastehenden niederknallen, da gewahrte er, daß es sein Kammerdiener war.

»Schließ auf!« rief er ihm zu.

Die Türe war offen. Beide huschten hinein und verriegelten die Türe.

»Gnädiger Herr,« meldete der Diener. »Ich habe Euer Gnaden überall gesucht. Ich habe Trauriges zu berichten. Der arme Johann, der Kutscher, ist erdolcht worden. Die Mörder stießen Flüche auf Euer Gnaden aus. Der Dolchstoß hat dem gnädigen Herrn gegolten ...«

Der Diener wollte noch mehr sagen. Da schlugen ein halbes Dutzend Flintenschüsse gleichzeitig durch eins der offenen Fenster, die von der Halle des Hauses nach dem Garten hinaus gingen.

Senecé und sein Kammerdiener stürzten tot nieder, beide von mehreren Kugeln durchbohrt.

Zwei Jahre später stand die Fürstin von Campobasso im Gerücht, die frömmste Frau Roms zu sein. Monsignore Ferraterra war längst Kardinal.

# Bemerkung des Übersetzers

Die beiden Novellen, die Stendhals Ideal in der *arte di novellare* so recht repräsentieren, den kahlen reflexionslosen Chronikenstil, sind um die gleiche Zeit, um 1829, wie sein großer Roman »Rot und Schwarz« entstanden. Beide gehen sie auf tatsächliche Geschehnisse zurück. Beider Heldinnen sind Schwestern der Mathilde von La Mole, gleichsam Vorstudien. Stendhals »Vanina Vanini« hat Paul Heyse den Stoff zu einem vieraktigen Trauerspiel »Vanina Vanini« (gedruckt 1896) gegeben.

Arthur Schurig.